京津冀城市群承载力测度及应用研究

户艳领 等著

JINGJINJI CHENGSHIQUN CHENGZAILI
CEDU JI YINGYONG YANJIU

人民出版社

前　言

　　城市群是区域经济发展的活跃区域和增长引擎，协同城市群产业布局，加强人才、资金等要素的合理流动和配置，形成科学合理的城市群空间布局，是构成推进区域社会经济发展的重要保障。然而城市群发展需要众多子系统支撑，经济、社会、生态、文化、公共服务、交通、基础设施等众多子系统之间既存在促进也存在博弈，一旦某一子系统出现短板或超出阈值，将直接影响综合承载力，甚至影响整体城市群的发展。因此科学评价城市群综合承载力，有助于准确把握城市发展优势和短板，定位城市发展功能，推进城市群协同发展。

　　《中华人民共和国国民经济和社会发展第十四个五年规划和2035年远景目标纲要》中指出："坚持走中国特色新型城镇化道路，深入推进以人为核心的新型城镇化战略，以城市群、都市圈为依托促进大中小城市和小城镇协调联动、特色化发展，使更多人民群众享有更高品质的城市生活"。[①]《国家新型城镇化规划（2014—2020年）》指出："以城市群为主体形态，推动大中小城市和小城镇协调发展；以综合

[①]《中华人民共和国国民经济和社会发展第十四个五年规划和2035年远景目标纲要》，《人民日报》2021年3月13日。

承载能力为支撑，提升城市可持续发展水平；"①可见科学定位城市群各城市功能，对于发挥各城市的优势，形成互补、辐射带动能力强的空间布局，对于推动区域社会经济发展具有重要意义。

以京津冀城市群为研究区域开展城市群承载力研究具有很好的代表性。《国家新型城镇化规划（2014—2020年）》指出："京津冀、长江三角洲和珠江三角洲城市群，是我国经济最具活力、开放程度最高、创新能力最强、吸纳外来人口最多的地区。"提升京津冀城市群城市承载力，对于京津冀城市群可持续发展具有重要的支撑作用。

近年来城镇化发展成绩显著，但京津冀区域内城镇发展差距较大，小城镇数量多，承接能力较为不足，大城市的辐射效应会进一步提升，还存在部分城市人口过于集中、城市扩张粗放、基础设施承载不足、城市资源环境"欠账"等问题，大城市病日益突出，污染、公共服务压力等问题严重加大了综合承载压力，限制了城市群的进一步发展，也限制了城市及城市群的协同发展。优化城市群的合理布局，承载力的合理评价是重要基础，需要评估竞争力、凝聚力和创新力等方面的优势与短板，推进区域优势互补。

基于以上分析，本书以城市群承载力为研究对象，以城市群承载力测度及应用为研究目标展开研究。全书分为问题提出、理论分析、实证分析、对策分析四个部分。全书以承载力评价及子系统承载力指数测度为基础，以大容量面板数据的实证分析为主要方法，首先依据城市综合承载力的人口、经济、粮食、公共服务、基础设施、交通、资源环境、文化和科技九大承载子系统，在基础支撑力、城市竞争

---

① 《国家新型城镇化规划（2014—2020年）》，《人民日报》2014年3月17日。

力、发展创新力和凝聚力等方面阐述系统之间相关与联动关系。其次应用熵值分析模型客观评价了承载力，并建立承载力指数分析体系和预测模型；进而，运用耦合协调模型对典型的经济、环境、文化承载子系统之间的协调关系进行了测度与分析，最后依据熵值法计算得出的综合承载力，运用引力模型，计算京津冀13个城市的空间引力值，分析京津冀城市群的空间关联关系。并依据实证分析和京津冀城市群承载力发展中的不足，探讨提升城市群整体综合承载力与完善空间布局的发展路径。本书特色主要包括：

一是现实意义较强。城市群布局优化需要各城市发挥自身优势、弥补短板，加强合作。但目前还存在部分城市间发展趋同、无效竞争等问题，加之部分城市扩张较粗放、资源压力较大、污染较重、交通负担较重，这些问题已成为城市群发展的桎梏。因此目前急需探索完善城市承载力的科学量化方法，从各城市承载力出发推进城市间的功能互补、相辅相成，提升城市整体承载力和竞争力。

二是实证分析特色明显。本书以实证分析为基础，将统计模型与实际应用相结合，通过构建涵盖经济、人口、环境和公共服务、基础设施、科技和文化等方面的城市竞争力指标评价体系，在大容量面板数据的基础上运用熵值分析模型对城市承载力进行了评价，并进行指数体系分析，找出各自的承载短板和承载优势。

三是描述了城市承载力子系统之间的关系。依据综合承载力的作用机制分析，基于面板熵值模型综合评价典型承载子系统的承载力，运用耦合协调模型分析各承载子系统之间的联动关系和相关关系，探索模型分析的具体应用。

四是时间与空间分析相结合。本书在搜集大量数据的基础上，对京津冀城市群各城市承载力进行评价，并从时间角度展开趋势分析。在空间上，借鉴承载力现有研究方法，依据承载力子系统间相互制约、相互影响的系统性特点，基于改进的引力模型，将地理距离与高速公路、铁路等的最短时间成本相结合计算城市间空间距离，测度了城市间的经济引力，并计算引力差分析了城市群的空间关联结构。

本书得到河北大学 2018 年学科建设专项经费、河北省人才工程培养资助项目（A201903003）、国家社会科学基金项目（16BJY027）、2022—2023 年度河北省统计科学研究计划项目（2022HD01）、河北省教育厅人文社会科学重大课题攻关项目（ZD202113）、河北大学社科培育项目（2021HPY007）等的支持，本书出版同时得到了河北省生态与环境发展研究中心、河北大学资源利用与环境保护研究中心的支持。课题组和编写组成员李丽红、张树光、徐新、魏国华、李文豪、张倩、刘欣、刘圆圆、王一冰、陈明宇、褚翠云、柳浩、石丽君、杨波、王新、刘少丹、徐彤彤、赵嘉、王卓雅、陈一洋、王浩强、王苹、陈巍、丁铭廷、冯蕾、张润怡、李凯蔓、宁丽冰等认真完成了课题调研、数据搜集、数据处理等工作，经过多次打磨得到最终文稿，每位成员的工作都为本书顺利成稿提供了重要支撑。

目 录

第一章　承载力研究综述与本书研究框架

第一节　研究背景

城市及城市群的发展是区域经济发展的增长极与驱动引擎。城市大约形成于一万年前，人们从散居捕猎的生活中逐渐固定下来，进入农垦时代，开始形成村落，当这些永久性居住的村落逐步扩大，产生人口集聚，城市的产生也就水到渠成了，此后城市经过了农业社会城郭、工业社会城市以及近现代城市群的发展演化。我国历史悠久，城市的形成发展也比较久远，近年来城镇化率不断提高，截至 2020 年，我国有90220 万人居住在城市中，城镇化率达 63.9%（数据来自国家统计局）。

城市群的发展是当前经济形势和现代产业发展的必然结果，单个城市提高各个要素的集聚能力，需要依赖于城市群的产生和发展。城市群是指在特定地域范围内，以一个特大城市为核心，由至少三个以上都市圈（区）或大中城市为基本构成单元，依托发达的基础设施网络，所形成的空间相对紧凑、经济联系紧密并最终实现同城化和一体化的城市群体（方创琳，2009）。[①] 在经济全球化和区域经济一体化的

---

① 方创琳：《城市群空间范围识别标准的研究进展与基本判断》，《城市规划学刊》2009年第 4 期。

大背景下，城市群的形成满足了我国经济高质量发展的必然要求，也是促进区域协调发展的重大举措。我国现已形成多个城市群，包括长江三角洲城市群、珠江三角洲城市群、京津冀城市群、长江中游城市群、成渝城市群、关中平原城市群等，这些城市群为我国社会发展注入强大的动力，深刻影响着未来经济发展和区域协同。

随着经济高速发展、城市化不断推进以及城市群快速扩张，一些制约城市群可持续发展的不足也日益凸显。在可持续发展的背景下展开城市群高质量发展问题一系列研究对有效推进城市群的优化发展进程具有深远意义。而城市群综合承载力是衡量城市群系统协调发展和可持续发展能力的重要指标（田园，2019），[①] 系统地研究和评价城市群综合承载力，不仅有利于确定当前发展的最优水平，推进城市群高质量发展，还有助于优化城市群内部空间结构，推进核心城市与周边地区的协同发展。

长期以来，北京市、天津市与河北省三地发展水平存在较大差距，影响了京津冀地区的协同发展，也制约着具有世界影响力的超大城市群建设。需要进一步缓解三地之间发展差距，促进京津冀之间协调发展。2014 年 3 月，中共中央、国务院印发的《国家新型城镇化规划（2014—2020 年）》中三次提到"京津冀城市群"，将其与珠江三角洲、长江三角洲城市群并列，指出"京津冀、长江三角洲、珠江三角洲三大城市群，以 2.8% 的国土面积集聚了 18% 的人口，创造了 36% 的国内生产总值，成为带动我国经济快速增长和参与国际经济合作与竞争的主要平台"。《京津冀协同发展规划纲要》中也指出"推动

① 田园：《可持续发展视角下长江经济带城市群综合承载力研究》，博士学位论文，重庆大学公共管理学院，2019 年，第 1 页。

京津冀协同发展是一个重大国家战略，战略的核心是有序疏解北京非首都功能"。京津冀城市群的发展焕发出巨大活力，迈向了崭新的阶段。由此可见，京津冀城市群的形成是我国形成经济新增长极的重要举措，对未来中国经济发展起着至关重要的推动作用。

京津冀三地城市化的快速推进，使其内部城镇体系也取得了很大的发展，城市群框架不断优化，大大推进了我国经济的发展。随着京津冀城市群的高速发展，城市对各种资源的消耗也逐渐增多，生态环境以及城市群内部承载能力受到一定影响，京津冀内部各个城市之间的竞争性增加，这些因素一定程度上阻碍了京津冀的协同发展。为了更好地推进京津冀三地之间的协调和可持续发展，缓解城市群内部发展动力不足的问题，需要综合评价京津冀城市群内部承载力。在一定时期和一定技术水平下，城市承载力存在承载上限，超出了承载力所能容纳的范围，会导致城市可利用资源不足以及生态环境的恶化，严重阻碍城市及城市群的发展。因此，研究京津冀城市群综合承载力不仅可以厘清各城市承载力情况和差异，分析城市发展中的问题，推动京津冀地区资源合理配置，改善生态环境，还可以促进京津冀城市群内部各个城市健康平稳的发展，对京津冀实现可持续发展具有重要意义。

对城市群综合承载力方面的研究，学术界已有很多丰硕的研究结果，其中围绕某城市承载力以及某方面承载力的研究较多，对城市群综合承载力的评价研究相对较少，而且以往的一些评价指标大多是根据城市某方面发展特点以及自身研究特点建立起来的，所包含的评价指标不一定全面。在评价方法上，很多运用熵值模型和Topsis法对某个区域的综合承载力进行测算，但是少有对承载力的各个子系统分别展开分析，进而探索各子系统承载力之间的关联的研究。在空间分析上，已有研究对于承载力的空间分布以及基于承载力的城市群之间的关联分析还需要进一步深入展开，这些都为本次研究提供了分析空间。

本书构建指标体系，搜集整理相关数据，应用熵值模型对京津冀城市群内部各个城市综合承载力进行评价，再将综合承载力各个子系统展开分析，并运用耦合协调模型分析综合承载力子系统之间的发展关联程度。在承载力评价的基础上，基于改进的引力模型测度了城市间的引力，并计算引力差分析城市群的空间关联结构。从理论上可以进一步推动承载力的科学研究，实践上为弥补河北省内各个城市承载力的不足、促进京津冀城市群的协调发展提供参考。

第二节　研究目的和意义

一、研究目的

本书以城市群承载力为研究对象，首要目的是科学量化京津冀城市群综合承载力，通过构建综合承载力指标评价体系，测度京津冀各城市的综合承载力并展开空间分析，探索提升综合承载力、推进城市群发展的路径。可以将其分为以下几个目标：

（一）分析城市承载力子系统之间的关系

依据区域发展与产业布局理论、新型城镇化理论，分析城市群综合承载力的作用机制。在阐述承载力内涵与发展的基础上，重点分析城市综合承载力的特征与系统构成，以及各子系统之间的关系。

（二）梳理城市群承载力的评价方法体系

探索完善城市群综合承载力的科学量化方法，比较层次分析法、综合评价法、熵值分析法、生态足迹法等方法的特点，筛选并确定本书城市群综合承载力分析方法体系。

（三）分析目前京津冀城市群承载力的现状

城市群布局优化需要各城市发挥自身优势、弥补短板，加强合作。但目前还存在部分城市间发展趋同、无效竞争、城市扩张粗放、资源供应紧张、污染严重、交通负担压力大等问题，影响了城市群整体协同发展。本书通过数据搜集和整理进一步分析目前京津冀城市群综合承载力发展现状与存在的问题。

（四）京津冀城市群综合承载力的测度

以实证分析为基础，将统计模型与实际应用相结合，通过构建涵盖经济、人口、环境、基础设施、创新、文化等方面的城市竞争力指标评价体系，在大容量面板数据的基础上运用熵值分析模型对城市承载力进行评价，找出各城市各自的竞争短板和优势。

（五）对京津冀城市群综合承载力子系统进行耦合协调分析

研究内容包括经济、环境和文化承载子系统等，运用耦合协调模型得到京津冀各城市单项承载力及承载力的基本定位和发展趋势。在测度经济、环境、文化系统发展水平后，运用耦合协调模型分析三个系统的总体协调度。

（六）对京津冀城市群承载力进行空间计量分析

基于改进的引力模型，将地理距离与高速公路、铁路和高速铁路的最短时间成本相结合计算城市间经济距离，测度城市间的引力，并计算引力差分析城市群的空间关联结构。

（七）探索推进京津冀城市群综合承载力提升和协同发展的思路

依据各承载子系统的历史数据和走势，得出各承载子系统之间的联动关系和相关关系，探索模型分析的具体应用。

二、研究意义

目前，我国正处于城镇化快速发展阶段，据《中华人民共和国2021年国民经济和社会发展统计公报》①显示，2021年年末全国常住人口城镇化率为64.72%，比上年末提高0.83个百分点。城市人口的增加也加大了环境承载的压力，这也凸显出开展综合承载力和子系统承载力测度研究的重要意义，有助于进一步推进城市及城市群可持续发展。

（一）理论上进一步完善城市群综合承载力的评价方法

探索熵值法在承载力指标评价中的应用。进一步发展城市群承载力理论，探索统计工具在实际分析中的应用。在城市承载力发展趋势和对比分析方面，构建各个子系统评价指标体系，运用熵值模型综合评价京津冀城市群综合承载力，探索综合承载力各个子系统之间的发展状况，这对于城市群承载力和竞争力的研究具有重要意义。

（二）运用耦合协调模型分析城市群子系统并比较各城市耦合协调程度，探索耦合协调模型在城市群综合承载力的应用

将耦合协调模型应用于综合承载力子系统以及区域对比分析中，更好地分析京津冀城市群综合承载力的发展状况以及耦合协调程度，通过计算京津冀各城市以及京津冀总体的经济、文化和环境子系统的耦合协调度，从时间和空间角度，比较分析各地间综合承载力中经济、文化和环境的发展水平和变化趋势，对于完善城市群协同发展分析方法具有重要的理论意义。

---

① 《中华人民共和国2021年国民经济和社会发展统计公报》，《人民日报》2022年3月1日。

（三）构建指标体系综合评价京津冀城市群综合承载力，为界定各城市承载力之间的差距和测度区域承载力提供依据

本书依据熵值模型计算京津冀各城市综合承载力得分以及承载力各子系统得分，从时间和空间两个角度对京津冀的城市承载能力进行全面客观的评价，了解自身承载情况，厘清区域与其他地区之间的差距，找准各个城市的短板。

（四）探索空间计量模型在城市群综合承载力的应用

本书基于改进的引力模型，将地理距离与高速公路、铁路和高速铁路的最短时间成本相结合计算城市间经济距离，测度了城市间的引力，并计算引力差分析城市群的空间关联结构。研究有助于分析城市间城市综合承载力的差异，进一步为加强城市群综合承载力的优势互补，探索加强协同发展的路径提供思路。

（五）对提升京津冀城市群承载力和推动城市承载力发展具有参考价值

本书以实证分析为基础，基于城市承载力评价和区域间综合承载力指数的测度，从京津冀城市群综合承载力的区域差异、各城市的承载力发展协调等方面进行深入分析，进而探索提高区域承载力的对策建议，对相关管理部门制定承载力发展规划以及提高区域各子系统承载力和推动区域资源的合理配置具有重要参考价值。

第三节　国内外研究综述

一、承载力及综合承载力内涵研究

"承载力"一词本身来源于物理学，原意是指地基的强度对建筑

物负重的能力，但是随着社会的发展，"承载力"一词也被逐渐拓展，很快在各个领域推广应用。早在 1798 年，马尔萨斯（Malthus）在《人口原理》（*An Essay on the Principle of Population*）中第一次阐述了承载力的思想，分析了人口数量和食物之间的关系。[①] 马尔萨斯此次研究发布之后，学者们开启了对承载力的探索。随着人口数量的增加，人类与自然之间的矛盾逐渐加深，人们意识到大自然并不是取之不尽用之不竭的，其承受能力是有一定限度的。1921 年帕克（Park）和伯吉斯（Burgess）正式将"承载力"一词运用于生态方面，界定了承载力的概念；1922 年，哈德文（Hadwen）和帕尔默（Palmer）将承载力运用到草原生态系统中。随后，利奥波德（Leopold）突破了上述承载力的界定，不再单纯地指最高极限，而是加入了可持续发展的理念。直至 20 世纪 80 年代，联合国教科文组织对资源承载力进行了概念的界定，逐渐被人们采纳，从此承载力的内涵有了更深层次的发展，承载力的研究也迈向了一个崭新的发展阶段。

20 世纪 80 年代，我国相关领域的专家学者开始关注承载力方面的研究，关于承载力的相关定义也逐渐丰富和完善，在土地、水、资源环境以及人口等方面应用的十分广泛。1991 年，中国土地资源生产能力及人口承载量研究课题组撰写的《中国土地资源生产能力及人口承载量研究》[②] 中将土地资源承载能力表述为在未来不同时间尺度上，以可预见的技术、经济和社会发展水平及与此相适应的物质生活水准为依据，一个国家或地区利用其自身的土地资源所能持续稳定供养的

---

① Malthus T.R., *An Essay on the Principle of Population*, St. Paul's Church Yard, 1798.
② 中国土地资源生产能力及人口承载量研究课题组：《中国土地资源生产能力及人口承载量研究》，中国人民大学出版社 1991 年版，第 4 页。

人口数量。同年，北京大学环境科学系在课题研究中首次提出了"环境承载力"一词。目前来看，我国对承载力的研究也越来越丰富，但主要还是涉及上述几个方面，包括水资源承载力（屈小娥，2017）、土地资源承载力（全江涛等，2020）、交通承载力（齐喆、张贵祥，2016）以及资源环境承载力（卢亚丽等，2021；吴浩等，2021）等，现在研究与以往不同的是，研究的各方面内容相对有一个很清晰深刻的认识，且研究内容丰富。

随着社会经济的发展，某个方面的承载力不能全面准确地反映一个城市的发展程度，因此，"综合承载力"一词应运而生。并且随着研究的不断深入，城市综合承载力开始被相关学者广泛研究，纵观现有研究，可以发现城市综合承载力是在社会发展的各个条件约束下，一个城市实现可持续发展的社会经济活动能力，具体包括经济、社会、资源、生态环境以及基础设施等各个方面（Liu，2012；Bingwu L. et al.，2021）。

近年来，部分学者也对综合承载力进行了相关界定，姜豪、陈灿平（2016）认为城市综合承载力应该包含城市公共安全，是一个动态的概念。[①] 李嘉欣等（2021）认为城市综合承载力是由资源、经济、社会和环境组成的一个复杂大系统。[②] 研究学者们从不同角度丰富并完善了城市综合承载力的定义。

二、承载力系统构成及系统之间的关系研究

承载力系统是一个综合概念，其构成主要依据研究环境、研究方

---

① 姜豪、陈灿平：《城市综合承载力研究：以成都为例》，《软科学》2016年第12期。
② 李嘉欣、赵明华、韩荣青、申伟彤：《山东省城市综合承载力时空分异特征及其影响因素研究》，《生态经济》2021年第8期。

向和研究要素划分，子系统之间关系紧密且复杂。国内学者对土地资源、环境资源、水资源等承载力系统均展开了十分丰富的研究，王大本、刘兵（2019）认为土地资源承载力系统可以从土地资源能够承受的"生态破坏"最大程度、土地资源"技术管理"水平、人们对土地资源的"使用消费"三个子系统进行研究，无论是从"技术管理"层面，还是从"使用消费"层面；不仅是解决生态文明的手段，也是广大人民的消费需求，两者是相互统一的。[①] 吴浩等（2021）从城市生态系统条件、风险应对能力、资源禀赋和人类活动的限制性等角度划分资源环境承载力系统，得出各系统间层层递进、融汇交错、相互影响的关系。

综合承载力研究方面，很多学者以自然、经济和社会等层面筛选指标划分承载力系统并研究系统间关系。崔昊天等（2020）从压力、状态和响应三层面围绕社会—经济—自然子系统展开，发现环境压力、科技支撑条件及经济发展水平在未来将成为最关键的三个因素；董越等（2019）通过构建城市双向复合动态可持续评估方法，量化复合动态关系，综合考虑了各子系统的不确定性和作用效果。还有部分学者在此基础上关注了生态环境子系统在承载力系统中发挥的重要作用，张垚等（2021）认为城市自然资源子系统是基础，生态环境子系统是保障，社会发展子系统是导向，经济子系统是动力。[②] 有的学者也将土地（李新刚等，2019；李文龙等，2017）、科技文化（李新刚等，2019）、公共服务（林建华等，2022）作为承载力系统的构成要

[①] 王大本、刘兵：《京津冀区域土地资源承载力评价研究》，《经济与管理》2019 年第 2 期。

[②] 张垚、丁玉贤、丁超：《呼和浩特资源—环境—经济承载和协调发展研究》，《环境科学与技术》2021 年第 2 期。

素进行深度研究，推进了系统间形成稳定、良性、有效的关系。

还有一些学者从其他角度研究承载力系统的构成及系统之间的关系。支小军等（2019）认为承载力系统通过生产、生活、生态的"三生"空间构成，实现密切联系、相互交织的耦合协调。[①]曲修齐等（2020）认为可以从承压能力和服务能力两方面入手划分承载力系统，即强调某一地区生态环境的自我调节能力和支持能力，从而进行环渤海地区综合承载力的评估与预测。刘世梁等（2019）认为生态承载力的评价指标体系可以从生态系统服务提供能力、景观格局指数和植被变化指数三个层面构建，进而实现生态承载力的有效评价。

三、综合承载力评价指标体系构建及评价方法研究

综合承载力可以全面系统地反映一个国家或是地区所能承受的范围。国外关于某方面承载力受到很多关注，如资源承载力（Malgorzata S, et al., 2020）、人口承载力（White R. S., et al., 2017）等。随着"综合承载力"概念的提出，学者从多个层面展开研究，构建的评价指标逐渐全面。2004年，伦道夫（Randalph, 2004）对城市综合承载力进行了阈值范围的测算。霍普顿等（Hopton, et al., 2010）运用生态足迹法测算城市承载力，并深入解释了区域承载力的概念。还有相关学者运用费雪信息指数（Gonzalez, et al., 2012）等方法计算综合承载力。

关于综合承载力评价指标构建国内开展了丰富的研究。不少学者综合考虑了经济、环境、资源、社会四个主要方面作为综合承载力的评价指标框架，并制定了二级指标，程广斌、申立敬（2015）在此基

---

① 支小军、李宗阳、张雪唱、刘永萍：《三生空间视角下宁夏—内蒙古干旱区城市综合承载力研究》，《地域研究与开发》2019年第1期。

础上选取了包括 GDP 增速在内的 26 个二级指标；孙端等（2019）在此基础上选取 14 个二级评价指标，各个子系统能反映区域间不同承载力特点。还有一些学者在主要评价指标框架下增加了人口方面，如刘晶、林琳（2018）在经济、人口、资源三个子系统下构建了包括 GDP 在内的 31 个二级指标；陈晓华、钱欣（2019）在土地、人口、环境、水资源、交通基础上建立了包括人均耕地面积在内的 16 个二级指标。此外，还有学者增加了科技文化（李新刚等，2019）、公共服务（林建华，2022）等方面的影响因素。还有相关学者将综合承载力从土地承载力、水资源承载力、科教承载力、交通承载力以及环境承载力五个方面入手，系统地分析了综合承载力的发展情况（高红丽，2010）。

对承载力研究的评价方法也十分丰富，常见的有层次分析法（孙久文等，2020）、熵值法（程广斌、申立敬，2015）、Topsis 法（杨海燕等，2021）、生态足迹法（韩洁平、侯惠娜，2020）等。并且随着研究的拓宽，学者并不只局限于上述评价方法，还尝试了其他的实证方法，如黄贤金、宋娅娅（2019）基于"压力—状态—响应"模型思路，提出集开发建设、环境灾害、资源生态及社会福祉四个维度的 DENS 评价模型，为科学地揭示资源环境承载力的理论特征提供借鉴。①

随着研究的逐渐深入，关于单一承载力和综合承载力的评价研究十分丰富，很多学者在对其评价的基础上也对其他方面进行了探索，如葛星、郑耀群（2018）运用熵权法评价综合承载力，在此基础上借助 Dagum 基尼系数、Kernal 核密度估计和 Markov 链对九大城市

---

① 黄贤金、宋娅娅：《基于共轭角力机制的区域资源环境综合承载力评价模型》，《自然资源学报》2019 年第 10 期。

群综合承载力的区域差距及其分布动态演进进行实证分析。王明杰等（2020）运用熵权 TOPSIS 模型评估综合承载力，借助探索性数据分析及 GWR 模型分析综合承载力影响因素。

四、城市群综合承载力评价及应用研究

城市群综合承载力是以群内各个城市系统为载体，通过城市的经济活动和社会活动表现出来（王振坡等，2018）。[①] 可见，城市群综合承载力对城市群的协调和可持续发展具有重要的意义。城市群的快速发展，使得相关学者转向了对城市群承载力的研究。冈萨雷斯等（Gonzalez, etal., 2012）分析了俄亥俄城市群的组织动态，为城市群承载力的研究提供了参考。

关于城市群承载力，学者们对其展开了丰富的研究。由于长江三角洲一带经济发展迅速，许多学者将目光转向长江三角洲城市群承载力方面的研究（Sun, et al., 2018）。此外，曾鹏等（2015）以全国为研究对象，比较全面地分析了我国十大城市群承载力的发展，采用比较研究的方法对各个城市群综合承载力的现状进行排名，最终为各个城市群的发展提出相应的对策。还有学者对城市群的承载力进行研究，如有学者对西北地区城市群水资源承载力（程广斌、郑椀方，2017）进行研究。随着承载力研究的逐渐拓宽，学者们对城市群综合承载力研究逐渐增多，王永静、胡露月（2018）将熵值模型与状态空间法相结合对西北地区城市群综合承载力进行测度和比较分析，程广斌等人（2020）对城市群综合承载力的影响因素进行了研究。另外，还有学

---

① 王振坡、朱丹、王丽艳：《区域协同下京津冀城市群城市综合承载力评价》，《首都经济贸易大学学报》2018 年第 6 期。

者对西北地区城市群的城镇化发展与资源环境承载力进行结合，运用熵值法测度城镇化与资源环境承载力的综合得分，并且运用耦合协调度模型测度两者之间在时间与空间上的差异程度（张韦萍等，2020）。

关于对长江经济带城市群承载力的研究。戚红年等（2021）运用熵权 TOPSIS 模型和结构方程模型，对长江三角洲城市群、长江中游城市群、长江生态经济区城市群、长江经济带等区域承载力进行了实证分析。

关于粤港澳大湾区综合承载力的研究。张海琪（2021）对粤港澳大湾区城市群环境承载力的时空变化特征进行了直观分析，并对城市群内部城市之间的差异进行了变异系数归因分析。

关于成渝城市经济区、城市群等综合承载力的研究。高红丽等（2010）利用综合评价法对其进行评价，根据评价结果将其划分为高、中、低三个层次，并根据实证结果给出对策建议。崔莹莹（2017）运用系统多指标综合分析、均方差决策、综合承载力指数等方法对成渝城市群承载力进行分析，并根据实证分析结果将该区域承载力划分为三个层次，以此对该区域的发展提出对策建议。

五、城市群耦合协调发展研究

珠三角、长三角、京津冀等城市群的快速发展显著提升了区域经济水平，同时城市群也是区域社会经济发展的重要空间载体，推进内部耦合与协调对区域经济社会发展和基础设施建设至关重要。沙里宁（1986）在论述城市的经典著作《城市：它的发展衰败与未来》中初步提出了城市协调发展耦合共生的思路；在工业快速发展的背景下，格罗斯曼（Grossman）、克鲁格（Krueger，1991）学者界定了协调发展的内涵。目前对城市群耦合协调发展的研究很多通过区域视角进行发展水平的测度、影响因素的探究和空间效应的分析。

国内很多研究以两个维度展开相关研究，张晨等（2022）以京津冀城市群为研究对象，探究城镇化与生态环境的耦合协调，从人口、经济、土地、社会城镇化四个层面展开，发现耦合协调度波动式上涨，整体处于不协调发展状态；徐璐等（2022）以扬子江城市群为研究对象，探究经济与环境的耦合协调发展水平，认为时间上耦合协调度呈波动上升态势，空间上存在"两边高中间低"的分布格局。

同时，也有部分学者研究城市群区域间耦合与协调。李集生（2022）从产业生态化、环境规制与循环经济绩效三维角度出发，探讨城市群中这三者间的耦合协调机理与水平，认为整体表现出不断上升趋势，东部地区城市群系统耦合协调水平相对较高，东北、西部地区偏低。刘志强等（2022）聚焦公园—人口—建设用地—经济四维角度，以东部沿海五大城市群为研究对象，探究耦合协调发展的时空分异特征，认为复合系统耦合协调度正在由濒临失调向耦合协调演变。

六、京津冀城市群综合承载力研究

在京津冀协同发展的大背景下，为了解决京津冀城市间协同发展存在的问题，相关学者对京津冀城市群承载力进行了研究。部分学者对京津冀城市群某一方面的承载力进行了研究，具体包括水资源承载力（余灏哲等，2020；王晶等，2022），资源环境承载力（户艳领等，2019；王一冰，2021），土地资源承载力（王大本、刘兵，2019；李新刚等，2019）、交通承载力（齐喆、张贵祥，2016）等。

　　关于京津冀城市群综合承载力方面的研究，阎东彬的专著《京津冀城市群综合承载力测评与预警研究》中基于耗散结构理论、协同理论和突变理论构建了城市群综合承载力系统演化模型和耦合模型，对城市群的综合承载力和子系统承载力进行了分析。王树强、张贵（2014）运用秩和比的方法，王振坡等（2018）利用改进熵值法，李林汉（2020）运用熵值和 Topsis 法均从多方面构建京津冀城市群综合承载力评价指标，对京津冀城市群综合承载力进行评价并将其进行空间和时间上的对比分析。还有相关学者是通过计算京津冀城市群综合承载力指数分析城市内部的发展状况（常晓玲等，2018）。

　　综上所述，可以看出对城市某一承载力方面的研究相对较多，但是关于综合承载力的相关研究相对来说还比较少。在评价方法方面，目前大多数研究采用熵值模型以及 Topsis 模型对综合承载力进行测算，并将其进行时间和空间上的对比分析。在评价指标方面，综合承载力评价指标体系的选取需要进一步完善和丰富，且评价指标体系需要进一步完善，其涵盖范围还需补充和拓展。在京津冀城市群综合承载力研究方面，很多文献对京津冀城市群某一方面的承载力进行研究分析，针对于京津冀城市群综合承载力研究是比较少的，对综合承载力子系统的耦合协调研究也比较少见。

第四节　研究主要内容

一、研究框架

　　本书以京津冀城市群综合承载力构建为主，大致结构可以分为问题提出、理论分析、实证研究以及对策分析四个部分。具体如下：

（一）梳理承载力方面的研究成果和相关理论并制定本书的研究思路和内容

综合承载力对一个城市的发展至关重要，成为众多学者关注的研究对象。围绕这一主题，本书分别从承载力及综合承载力内涵研究、承载力系统构成及系统之间的关系研究、综合承载力评价指标体系研究、综合承载力测算方法研究、城市群耦合协调发展研究、京津冀城市群综合承载力研究等方面梳理和总结以往文献，分析接下来需进一步研究之处。最后根据综合承载力评价指标的构建并以各个城市的综合承载力发展状况进行的对比分析为研究基础，设计本书的思路和内容。

（二）城市群承载力的概念界定与系统构成

首先介绍了承载力概念的提出、深化，及其研究领域的拓展，并介绍了城市综合承载力的内涵、特征与系统构成及各部分构成之间协同发展的内涵，各子系统如何科学划分及其之间的相互关系和耦合作用。

（三）京津冀城市群发展状况与面临的问题

筛选代表性指标，从经济、社会、生态环境、文化及创新等方面对京津冀地区城市群概况和发展现状进行分析，并分析发展过程中面临的不足，奠定进一步对京津冀城市群综合承载力深入分析的基础。

（四）京津冀城市群综合承载力的评价方法与指标体系构建

梳理常用的承载力评价方法，包括层次分析法、综合（系统）评价法、生态足迹法等，比较分析各种方法的优缺点；最终选择适用于本书的城市承载力评价方法；进一步针对耦合协调模型进行描述，分析京津冀城市群承载力系统之间的协同关系，探究其内在规律；进而阐述引力模型，为进一步从空间联系强度进行分析做准备。

秉持科学性、典型性等原则构建合理的评价指标体系，涵盖人口、经济、粮食、公共服务、基础设施交通、资源环境、文化以及科技等各个方面，并考虑京津冀地区自身发展的显著特点。第一层次，以京津冀综合承载力为最终目标，将京津冀综合承载力系统解构为人口承载力、经济承载力、粮食承载力、公共服务承载力、基础设施承载力、交通承载力、资源环境承载力、文化承载力以及科技承载力九个子系统；第二层次，筛选九个子系统进一步细化为各个评价指标，使用 51 个可量化、操性强的代表性指标来具体表征；第三层次，针对综合承载力各个子系统之间的相互联系、相互影响，详细地测算京津冀各个城市的综合承载力。

（五）京津冀内部各城市综合承载力测度与对比分析

综合承载力是一个错综复杂的大系统，基于此，首先对京津冀内部各个城市综合承载力的发展情况展开纵向趋势分析，得出各个城市的发展变化；其次，根据京津冀各个城市综合承载力的发展现状，开展综合承载力横向对比分析，为后续章节奠定基础。

（六）京津冀城市群综合承载力协调性深入分析

选取京津冀三地 2008—2019 年综合承载力相关测算的面板数据，经过数据预处理，运用熵值模型计算承载力典型分系统得分，并在此基础上从时间和空间两个角度对京津冀城市的综合承载力进行全面客观的分析。在此基础上运用耦合协调模型对京津冀区域经济、文化和环境子系统内部发展情况进行深入分析，更直观清楚地从空间和时间维度客观对比分析京津冀各城市的耦合协调状况。

（七）京津冀城市群综合承载力空间分析

基于改进的引力模型，将地理距离与高速公路、铁路和高速铁路的最短时间成本相结合计算城市间空间距离，测度了城市间的经济引力，并计算引力差分析城市群的空间关联结构。基于引力分析进一步深入探究城市综合承载力的空间互补与协同发展情况。

（八）提升综合承载力，促进京津冀城市群协同发展的对策建议

综合以上实证分析，立足于人口承载力、经济承载力、粮食承载力、公共服务承载力、基础设施承载力、交通承载力、资源环境承载力、文化承载力以及科技创新承载力九个子系统，从规划城市远景，提升产业产能；加强城市基础设施建设，改善城市生态环境；合理调整人口结构，丰富人们文化生活；在加强京津冀地区科技创新交流等方面提出提升城市综合承载力的对策。

二、研究思路

本书以京津冀协同发展为背景，以测算京津冀城市群综合承载力并找出综合承载力子系统的发展短板和各个城市之间的发展差距为目标，最终为提升城市群综合承载力发展提供对策。首先，通过梳理国内外相关文献，寻找当前承载力研究中的重点、盲点内容，确定进一步研究方向。其次，梳理以往的承载力理论，并以其他相关文献研究作为理论支撑。通过梳理与承载力有关的理论和研究方法，筛选出本书的研究方法，进而筛选代表性指标，从经济、社会、生态环境、文化及创新等方面对京津冀地区城市群概况和发展现状进行分析，并针对发展过程中面临的问题展开阐述。再次，在相关研究的基础上建立综合承载力评价指标体系，进而根据评价指标收集整理所对应的面板

数据，运用熵值模型对京津冀综合承载力发展水平进行测度和分析。随后在熵值模型计算结果的基础上运用耦合协调模型测度出各个城市以及京津冀城市群总体经济、文化和环境子系统之间的耦合发展程度，并从时间和空间角度分析区域间承载力的发展水平和变化趋势，进而找出区域之间的发展差距。在此基础上，应用引力模型展开承载力的空间分析。最后，基于现状分析结果和实证分析结论总结为提升城市群综合承载力发展水平、推进京津冀协同发展提出对应的建议。

第五节　研究方法与创新点

一、研究方法

在京津冀协同发展的背景下，以京津冀城市群作为研究区域，以目前社会所关注的区域综合承载力为分析对象展开研究。全书以实证分析为主，综合考虑承载力的各个方面，运用大量统计数据，发挥统计学、经济学和生态学、资源与环境等学科的优势，进行交叉学科融合研究，对京津冀区域综合承载力和各子系统承载力展开分析，并在此基础上运用耦合协调模型对经济、文化和环境子系统进行耦合协调分析。具体研究方法如下：

（一）综合运用文献研究法、对比分析法展开研究

通过大量阅读以及整理相关文献，对以往研究进行总结，探索承载力相关理论和进一步需要拓展的研究空间；综合承载力并不是由某一方面进行衡量的，而是由许多指标构成的复杂系统，本书根据对比分析，将综合承载力从空间和时间上进行对比，从而更好地找出各个城市发展的不足，促进区域协同发展。

（二）运用熵值模型，基于数据的离散程度与信息量确定评价指标的权重

根据科学性、典型性等原则建立综合承载力评价指标体系，运用熵值法对评价指标赋权重，并进一步计算出各个城市综合承载力总得分。

（三）运用耦合协调模型分析城市群综合承载力中经济、文化和环境子系统之间的相互影响

由于综合承载力是一个错综复杂的大系统，需要进一步研究各个关键子系统之间的相互影响。运用此方法可以关注各个城市的综合承载力关键子系统之间的发展影响情况，从而厘清影响城市综合承载力发展因素，为促进城市高质量发展提供理论依据。

（四）运用引力模型从空间角度展开城市空间关联分析，为探索城市群承载力协同发展提供基础

基于改进的引力模型，将地理距离与高速公路、铁路和高速铁路的最短时间成本相结合计算城市间空间距离，测度了城市间的经济引力，并计算引力差分析城市群的空间关联结构。

二、研究创新点

第一，研究理论方面，完善综合承载力评价系统。在阅读大量文献的基础上，完善城市群综合承载力评价指标体系。本书建立在京津冀协同发展的基础上，探究各个城市的综合承载力水平以及各个子系统的发展状况，从人口承载力、经济承载力、粮食承载力、公共服务承载力、基础设施承载力、交通承载力、资源环境承载力、文化承载力以及科技创新承载力九个系统进行研究，从而对京津冀城市群综合

承载力进行了全面系统的横向与纵向对比研究，为后续研究提供了一定的参考。

第二，研究方法方面，在熵值模型的基础上，考虑综合承载力经济、文化和环境子系统之间相互影响和相互制约的特点，引入耦合协调模型。本书在综合分析承载力发展水平以及承载力各子系统发展情况的基础上，运用耦合协调模型分析京津冀总体以及各个城市间的耦合协调程度。

第三，基于承载力评价与耦合协调分析，运用引力模型从空间角度展开城市空间关联分析。基于改进的引力模型，将地理距离与高速公路、铁路和高速铁路的最短时间成本相结合计算城市间空间距离，测度了城市间的经济引力，并计算引力差分析城市群的空间关联结构。

第二章 综合承载力研究的理论基础与作用机制

《中共中央关于制定国民经济和社会发展第十四个五年规划和二〇三五年远景目标的建议》中指出"优化国土空间布局，推进区域协调发展和新型城镇化"，并指出"立足资源环境承载能力，发挥各地比较优势，逐步形成城市化地区、农产品主产区、生态功能区三大空间格局，优化重大基础设施、重大生产力和公共资源布局"。① 城市承载力是优化空间布局的前提，优化空间布局是提高城市承载力的必然结果，两者相互制约，相互促进，共同发展。因此，在研究城市承载力的发展情况时，需要清晰了解城市的发展布局，城市群是由中心城市和周边城市组成的一个集群，其空间布局的发展对承载力发展起着重要的作用。

第一节 区域发展与产业布局理论

一、区域发展与产业布局理论的产生

（一）农业区位论

农业区位论最早被德国经济学家冯·杜能在《孤立国同农业和国

---

① 《中共中央关于制定国民经济和社会发展第十四个五年规划和二〇三五年远景目标的建议》，《人民日报》2020 年 11 月 4 日。

民经济的关系》一书中提出。作为区位论的开山鼻祖，冯·杜能的农业区位论给定了六个假设条件：如研究区域为孤立国，研究区域全部都是沃土平原且土地肥力相等；距离城市较远的地区周围是尚未开垦的荒野，阻断了孤立国与外界的联系；城市的食品供应来源于周围平原，人工产品的供应来源于中央城市；运输费用受距城市中心的远近决定，且由农业生产者承担（张明龙等，2014）。[①]

在上述假设成立的条件下，杜能根据不同农产品的种植条件、农作物的产量以及运输成本、土地地租，遵循每一个个体追求利润最大化的原则，对孤立国的农业生产土地类型进行了规划。杜能认为，土地的租金将由中心城镇向外依次递减，在距离市中心较近的区域，租金较高，适合种植占用土地面积小、价格高、不易储存且运输成本较高的农产品（李景海，2010）。[②]因此，根据距中心城镇的距离、运输成本、地主以及农业种植条件等，杜能将孤立国划分为六个同心农业圈，即杜能圈。根据杜能所规划的六个同心农业圈可知，孤立国的农业用地类型及其集约化的模式由城市中心依次向外围递减。根据上述分析可以看出，杜能的农业区位论从经济角度阐明农业布局规律的理论。

农业区位理论也对城市群地区承载力研究具有参考价值，从该理论角度，研究在土地和粮食承载方面提高综合承载力水平。参考农业区位论，将地区自然条件与经济水平综合考量，研究合理规划农业区位布局，优化空间结构，有效利用地区资源，提升土地和资源环境承

---

① 张明龙、周剑勇、刘娜：《杜能农业区位论研究》，《浙江师范大学学报（社会科学版）》2014年第5期。

② 李景海：《产业圈层布局与区域差异化发展》，《财贸研究》2010年第2期。

载力，从而促进区域发展。结合本书具体来看，城市群承载力的研究离不开地区农业发展研究，农业区位理论中所涉及的当地土地利用情况、粮食承载和土地承载的相关指标以及区域土地利用情况等方面内容对本书中构建京津冀城市群土地资源利用现状分析、构建综合承载力评价指标体系和土地资源利用现状分析等具有参考价值，为在提高京津冀城市群土地承载、粮食承载的基础上提高综合承载力水平提供了借鉴。

（二）工业区位论

19世纪下半叶，伴随着第一次工业革命的深入发展，人类社会进入大工业生产时代，工业区位的布局问题显得越来越突出，德国经济学家劳恩哈特将网络节点分析法应用到工业的布局选择中，为后来的研究奠定了基础。德国经济学家韦伯首次将抽象和演绎的方法应用到工业区位论的研究中，建立了工业生产空间布局的理论体系，并对工业生产活动的集聚和扩散机制进行了系统解释（徐阳、苏兵，2012）。[①]

韦伯工业区位论的中心内容为工业区位的选择将以生产成本最小化为导向。因此，为找到符合条件的地点，韦伯将"作为区位的经济运行的力"——区位因子，即影响工业选址的要素引入工业区位论中。在引入后，韦伯对工业区位的影响因素进行了进一步的分析，认为影响最大的三个区位因子分别为运费、劳动力费用和集聚作用。同时，韦伯对劳动力的系数以及制造系数分别进行了测算（孙翠兰，2008）。[②]

从工业区位论的研究上来看，地区发展应更突出考虑地区人口、

---

① 徐阳、苏兵：《区位理论的发展沿袭与应用》，《商业时代》2012年第33期。
② 孙翠兰：《区域经济学教程》，北京大学出版社2008年版，第69—73页。

经济、交通以及基础设施等多个子系统承载，根据各地情况进行区位调整，有效利用地区优势形成合理布局，协调好各个子系统运作，最终提高经济发展水平和推进城市高质量发展进程。京津冀城市群的发展和综合承载力水平提升涉及各大子系统，本书综合承载力的指标体系构建所选取的各个子系统和相关指标参考以往研究和理论，本书将进一步增强综合承载力研究的广泛性和全面性。工业区位论也为本书探索进一步完善京津冀地区空间布局，提升综合承载力水平提供具体对策建议参考。

二、区域发展与产业布局理论的发展

（一）中心地理论

城市在国民经济的发展进程中发挥着越来越重要的作用。工业规模的不断扩大、服务行业的不断发展、交通网络的日益完善，推动了人口、生产要素、企业逐渐汇聚到城市，城市的规模由此不断扩大，经济发展重地就此形成。德国地理学家克里斯塔勒对城市的空间布局和规模等级进行了研究，并在20世纪30年代提出了中心地理论。克里斯塔勒的区位理论根据市场供应、交通条件以及行政管理三个原则，将城市空间的分布形态划分为三种模式，分别为以市场原则划分的市场原则模式，交通条件划分的交通原则模式，以行政管理划分的行政原则模式（施祖麟，2007；Christaller, W., 1933）。[①]

综上可知，中心地理论是农业区位论和工业区位论的延伸，以核心城市为发展重点且对周围城市有辐射带动作用为主要思想，该理论

---

① 施祖麟：《区域经济发展：理论与实证》，社会科学文献出版社2007年版，第15—17页。Christaller W., *Die Zentralen Orte in Süddeutschland*, Gustav Fischer, 1933, pp.1–20.

下的研究成果和经验具有一定的参考价值。本书在提高京津冀城市群综合承载力的对策建议中，探索了如何合理布局区域公共服务基础设施、经济及社会职能，发挥好辐射效益，优化好空间结构，从而促进城市群承载力水平提升。

（二）增长极理论

1950 年，法国经济学家弗朗索瓦·佩鲁提出增长极理论，主张以非总量的方法安排经济计划，把国民经济按地理幅员分解为部门、行业和工程项目，建立和发展增长极，以极的增长推动整个国民经济的增长（曾坤生，1994）。[①] 该理论下一个国家或地区经济的增长往往通过经济增长中心向外围地区产生辐射带动作用实现。发展经济学家赫希曼将增长极对周边地区产生的积极影响称为"涓滴效应"，即核心区对经济、社会、生产方式、文化等诸多方面的变革，将从核心区向外逐步扩散，进而影响周边地区的经济、社会、生产方式以及文化等（王晓轩等，2012）。[②] 当然，更重要的是增长极理论所强调的不均衡增长观念，它从两个主要方面打破了经济均衡的新古典传统，由于这样一些原因，使增长极理论更便于应用到国家或区域层次的发展规划之中（李仁贵，1988）。[③]

本书第十章提出对策建议参考了增长极理论。北京、天津等城市自身发展的同时对周围地区产生辐射影响，一方面京津地区的过剩产业转移到周边地区缓解其承载压力并进行优化调整升级，另一方面周

---

①　曾坤生：《佩鲁增长极理论及其发展研究》，《广西社会科学》1994 年第 2 期。

②　王晓轩、张璞、李文龙：《佩鲁的增长极理论与产业区位聚集探析》，《科技管理研究》2012 年第 19 期。

③　李仁贵：《区域经济发展中的增长极理论与政策研究》，《经济研究》1988 年第 9 期。

边地区也因此抓住和核心城市的交流机遇，在一定程度上提高自身公共服务、基础设施、经济等承载力水平，这对于促进区域协同发展的可持续化以及提高整体实力都是具有重要意义的。

（三）点—轴理论

点—轴理论是对增长极理论的继承与发展，当一个国家或地区形成较多的增长极，这些增长极将成为点—轴发展模式中的点。同时，各个增长极之间的相互联系将会推动增长极之间形成诸多的交通线、动力供应线以及水源供应线等，从而形成点—轴理论中的轴。点—轴发展模式一旦形成，将会吸引生产要素向轴线地区集聚，从而拉动轴线地区的经济增长，同时推动新的增长极的产生。由此可见，交通及基础设施等子系统承载的重要作用，不仅使得区域经济承载提升，而且对区域综合承载增强以至形成新的增长点都具有极大推动力。

点—轴发展模式的成功与否主要在于点和轴的选择。首先，要选择基础设施好、科技水平高、主导产业明确且具有明显优势产业的增长极作为主要发展方向。其次，轴的选择必须处于交通干线，且能够形成资源开发、产品和劳务生产的基地，同时确定增长发展轴及其沿线城市的体系，逐步丰富，最终目标形成网状的增长模式。在点轴系统发展比较完善后，进一步开发就可以实现空间一体化，即区域空间结构的现代化（陈秀山、张可云，2003），[①]点—轴发展模式下地区各自吸引力和空间关联增强，各城市空间联系密切，一方面，扩大区域中优势承载辐射范围对周边有益；另一方面，学习其他区域，补足承接短板，最终促进协同发展。京津冀城市群中大城市通过辐射作用

---

① 陈秀山、张可云：《区域经济理论》，商务印书馆 2003 年版，第 377—378 页。

增加其他地区发展效益，与此同时，周围其他城市之间交流也日益密切，承载力水平在逐渐提升下形成新的增长极，推动京津冀城市群协同发展稳步进行。其中京津冀各地相互间的吸引力强弱，可以通过修正引力模型计算的引力值量化从而比较出来，具体各城市引力强度可见本书第九章实证部分详细阐述。

三、区域发展与产业布局理论和城市群承载力测度研究

合理的区域发展战略和产业布局能够推动城市群综合实力的提高，增强城市群的承载力，根据区域发展和产业布局理论可以从以下三方面提高城市群的承载力水平：

首先，城市群是由诸多城市组成的经济发展承载体，通过提高城市群中各个城市的承载力水平，从而带动城市群的整体承载力的发展。一方面，根据各个城市的经济发展水平、资源禀赋优势以及相关产业发展现状，在宏观上确定各个城市在城市群发展中的主要承载职能、发展方向以及优势产业，使得城市群内部形成合理的分工体系，这样不仅能够提高各个城市的专业化生产水平、因地制宜打造优势产业，形成竞争优势，而且能够使得各个城市之间形成优势互补、相互促进的发展格局，进而提高城市群的整体承载力。另一方面，借鉴农业区位论和工业区位论，各个城市应根据区域内的自然条件、经济发展水平，对区域内的农业、工业进行积极调整，形成合理的区位布局。合理的农业区位和工业区位不仅要求农业和工业部门分布最优化，而且还需要各部门之间的分布保持合理的比重，相互促进，相互发展，从而提高各个城市自身发展水平，增强城市发展优势让各个城市之间更好地实现各自分工，带动城市群整体实

现高质量发展。

其次，通过核心城市的辐射带动作用推动城市群的整体承载力。核心城市的发展情况通常是比较发达的，会在一定程度上对周围城市的发展起到促进作用。借鉴中心地理论和增长极理论，城市群中的核心城市会对周边地区产生一定的影响，这种影响既有积极影响（称为"涓滴效应"），又有消极影响（称为"虹吸效应"）。为此，在城市群发展过程中，通过制定相应的城市发展政策，不断地将消极影响转化为积极影响，周边地区也应该抓住发展机会，加强与核心城市之间的交流，积极地承接核心城市的过剩产业。周边地区的社会经济、生活方式和文化发展也将会得到提升，这将会促进周边地区迈向新的发展阶段，从而不断地提高城市群的整体承载力。

最后，通过完善城市群的交通网络将有助于提高城市群的综合承载力。交通网络很大程度上推动着一个城市的形成与发展，在产业发展布局、人口迁移等方面影响着城市的发展和壮大，对一个城市群的发展至关重要，对城市群承载力的发展亦是如此。城市群的各个城市之间的要素、产品、劳动力的流动能够推动城市群交通网络的完善。在交通网络完善过程中，部分交通干线将成为点—轴理论中的轴，各个城市将对轴线地区产生辐射带动作用，从而带动轴线地区的经济发展水平。轴线地区的发展，将吸引大量的人口，承接相应的产业，从而可以提高轴线地区的就业人口和产业发展水平，从而主线地区的人口增长将会得到缓解，产业发展质量也会逐渐得到提升。由此，轴线地区承载力不足的现象将会进一步改善，主要城市承载力过剩的局面将会减轻，这样两者相互补充，不断提高城市群的综合承载力。

本书对区域发展和产业布局理论的借鉴应用主要体现在第十章

中，为促进京津冀城市群整体发展，提高城市群承载力水平提出对策建议而提供借鉴和带来思考。调整城市群空间结构布局，不仅体现在城市内部空间结构的形成和变化上，而且对城市整体在城市群内部的功能分区的变化等也有应用。

第二节　新型城镇化与城市群承载力

2014 年中共中央、国务院印发《国家新型城镇化规划（2014—2020）》，指出我国要走以人为本、四化同步、优化布局、生态文明、文化传承的中国特色新型城镇化道路。党的十九大提出了实施乡村振兴战略，为此农村又迎来了新的发展契机。

一、新型城镇化的内涵

学者们围绕新型城镇化进行了很多研究，并从以下角度对其内涵进行了界定。新型城镇化是"人口城镇化""物的城镇化"到"人的城镇化"的转变（张荣天、焦华富，2016），更加注重提高公共服务和基础设施的建设（刘治彦、余永华，2021），从而提升人民生活的幸福感和归属感（熊湘辉、徐璋勇，2018）。综上所述，我国新型城镇化在不断发展，通过融入新发展理念，不断提高经济发展水平，完善基础设施和公共服务功能以及改善环境等多个方面，提高城乡地区发展质量。深入推进以人为核心的新型城镇化，推动城乡融合发展。

二、新型城镇化的发展要求

新型城镇化的主要要求如：以人为核心、城乡融合发展以及可持续发展；人是生产力中最活跃的要素，坚持以人为中心能够激发人的积极性和创造性，提高我国的生产力水平；统筹城乡发展，推动城乡共同发展，新型城镇化是可持续发展的城镇化，对转变经济发展方式起着重要作用。

由此可见，新型城镇化的发展研究离不开关系的协调和机制的完善研究。城乡关系是城镇化发展的重点，其深层含义是不仅要协调好城乡中综合系统的关系，更要推动各个子系统协同发展，如经济和环境之间、经济与基础设施公共服务之间等，是缩小城乡差距、推动城镇化以及提高地区承载力水平和高质量发展的重要举措。本书第八章耦合研究京津冀城市群经济、环境和文化承载力之间的关系以新型城镇化发展为依据。

三、新型城镇化的发展与城市群承载力

在综合考虑转移人口数量的基础上，完善城市基础设施建设，提高城市的综合承载力。优化城镇布局要不断完善城市群发展，各城市群要积极探索高质量的发展路径，坚持以中心城市为引领的城市群发展，增加城市的辐射带动作用，测度各城市的综合承载力，科学寻找具有发展潜力和竞争优势的城市显得十分必要。建设完善的交通网络，提高交通承载水平，增强各个城市之间的经济联系。着力提高中小城市协调发展水平，缩小区域发展差距。通过分类引导城市产业布局、优化城市空间布局、加强城市基础设施建设、改进城市公共资源配置等推动城市高质量发展，提升城市综合承载力。

加快推进城乡融合发展不仅是新型城镇化的重要发展要求，而且是实现新型城镇化的重要路径，二者相辅相成、相互促进。推动城乡

融合发展要处理好城乡关系，优化城乡资源配置，合理促进人才、技术、资金等要素向乡村地区流动。加大提高乡村基础设施建设的力度，提高乡村基本服务水平，逐步缩小城乡发展差距。

总的来说，新型城镇化的发展中各综合承载力的提升相辅相成，通过以人为中心，提高公共服务和基础设施等级水平，提升人民生活幸福感，注重资源环境保护从而推动绿色可持续发展，以及在优化产业布局等各方面提升综合承载能力，这也是促进新型城镇化发展的过程，对提升城市地区整体综合承载力水平，缩小城乡发展差距，推进高质量发展具有重要意义。本书对此理论的主要应用体现在第五章和第十章，首先将京津冀地区发展分为经济、文化、科技、社会以及资源环境进行概况描述，分析现状以及目前存在的问题；其次在对承载力进行量化测度后对承载力水平的提升提出详细对策建议，促进京津冀地区城镇化发展，促进城市群整体承载力的提升。

第三节　城市群综合承载力的作用机制

一、新型城镇化与城市群综合承载力的关系

新型城镇化理论与城市群承载力二者是相辅相成、相互促进的。从相互促进的角度上来看，一方面，新型城镇化对城市地区承载力水平提升带来促进作用。首先是以人为核心，新型城镇化下，农村转移人口市民化能够促使城市完善其基础设施建设，推动城市综合承载力水平提升；其次是城乡融合发展，该要求下极大推动农村经济的发展，不仅能吸引人才以及企业向农村地区流动，而且将极大地带动农村地区基础设施的完善发展以及公共服务水平的提高，进而缩小城

乡区域之间的发展差距，部分城市人口可能向农村地区进行转移，因此，乡村地区将为分担城市的承载压力起到关键性作用；最后是可持续发展，遵循新发展理念，意味着在城镇化的发展进程中不应一味地追求城市规模的扩大，而是同时要贯彻兼顾创新性、开放性等的发展要求，注意提高城市以及城市群经济发展水平的同时也要注重推进其绿色和可持续化的进程发展，对该区域综合承载力水平提升具有重要作用。另一方面，城市群承载力水平的提高也将极大地推动新型城镇化的发展。基础设施、公共服务以及社会管理水平等是承载力水平的外在体现，其发展层次不断提高将扩大各个城市的辐射带动作用，将极大地带动城郊区农村经济发展，不仅如此，各个城市辐射带动作用的加强，也会推动轴线相关地区农业经济的发展，促使轴线地区新兴城镇、特色小镇等的出现，进而促进新型城镇化发展，在相互作用下缓解中心城市的综合承载压力。

除此之外，新型城镇化与城市群承载力之间也存在一定程度的博弈。随着新型城镇化的推进和经济的快速发展，更多的人口以及经济活动向城市区域集聚，无疑会进一步提升对各种资源的消耗，加剧生活污染和工业污染，当超出城市承载力有限的容纳范围时将非常不利于区域经济社会以及人文等发展，从而对城市的综合承载力水平提升带来限制。不仅如此，城市及城市群的发展都是综合系统中各子系统配合运作的结果，一旦某一子系统出现短板或超出可承担范围时，将对城市带来直接影响。

由此可见，协调新型城镇化和城市群综合承载力关系，稳步扎实推进城镇化进程的同时做好城市各系统承载力有机配合，使综合承载力持续提升，对区域长远发展起着极大的推动作用。近些年京津冀城市群发展速度较快，本书以该地区作为研究对象进行承载力测度相关研究，对本地区发展提供实证研究下的针对性发展建议。

二、京津冀城市群综合承载力中经济、环境、文化的关系

综合承载力是由诸如人口、经济、文化、环境、科技、基础设施等方面组成的一个复杂大系统，一个城市或城市群综合承载力的高低取决于内部各个子系统承载力的发展情况。因此，在研究综合承载力时必须要用系统的思维去分析，要弄清楚内部子系统各个层面之间的发展关系以及之间相互影响的作用机制，从而更好地提升整个城市群的综合承载力。

经济承载力反映了特定区域内部所能容纳的最大经济规模，是城市群综合承载力的主要组成。经济承载力不仅仅涉及经济总量和人均收入的提升，同样与环境、文化息息相关。具体而言，随着城镇化率不断提升，京津冀城市群会汇聚更多的劳动力、资金以及生产要素，这为经济的增长提供了必要的物质基础，提高京津冀经济发展水平。京津冀城市群容纳越来越多的经济增量，进而实现高质量发展，需要同时关注生态环境和文化创新对经济承载的支撑作用。一方面，京津冀城市群经济发展水平不断提升，会汇集更多的人口、企业和生产要素。此时，京津冀城市群经济规模扩大，更多的人口和经济活动增加对资源的消耗，排放更多的污染物，环境治理压力增大。另一方面，经济集聚又会通过共享不可移动的基础设施、提升劳动力市场匹配概率以及促进知识溢出促进创新（王峤等，2021）。[1]其中，绿色技术创

---

① 王峤、刘修岩、李迎成：《空间结构、城市规模与中国城市的创新绩效》，《中国工业经济》2021年第5期。

新会提升京津冀城市群环境承载力。除此之外，经济集聚提升了"面对面"交流的可能性，更有利于文化传播，提升文化承载力。

环境承载力是京津冀综合承载力的调节系统，与经济承载力息息相关，既相互促进，又存在相互博弈关系。京津冀环境承载力在某种程度上体现了该区域环境可持续与否水平。较高的承载力对应于较好的环境状况，良好的环境为其他子承载系统提供基本的环境基础。一方面，京津冀区域内有燕山—太行山生态涵养区，内有太行山山脉、燕山山脉和白洋淀流域等，具有丰富的旅游资源。加强环境保护有利于发展旅游业，促进京津冀区域经济发展，提升经济承载力。另一方面，良好的环境和经济发展水平会吸引一批企业和高素质人才集聚，有利于促进技术创新和文化产业发展，从而进一步提升文化承载力。此外，较高的环境承载力在某种程度上也可以体现出环境规制强度，提升环境承载力的同时，在技术水平不变的情况下可能会对污染物排放企业提出较高的环保要求，对生产有一定影响，对经济承载力产生负向抑制效应。然而，在追求利润的驱使下，企业会增加对新技术和新产品的投资，从而提高企业生产率，有助于提升污染治理水平。

文化承载力是京津冀综合承载力的软实力系统。经济是文化发展的基础，文化是经济的上层建筑，共同推动人类社会的发展。一方面，文化承载力对经济承载力具有促进作用。京津冀城市群拥有丰富的历史文化遗产，例如北京为明清两朝古都、保定坐拥直隶总督府、邢台有"五朝古都"之称、邯郸为赵国都城等，文化产业基础雄厚，充分运用文化资源可提升经济承载力。同时，京津冀城市群拥有众多高校，具有丰富的人力资本水平，高素质劳动力对于经济承载力具有提振效应。另一方面，环保理念作为文化的一部分，是提升京津冀城市群环境承载力的重要助推器。我国的文化和生态环境都在不断地提升，为了让人们更好地了解生态环境并为生态环境保护贡献自己的一份力，此时需要借助文化方面的推动。用文化将深刻抽象的问题具体化、简洁化，从而更好地促进生态环境的发展。

综上所述，京津冀城市群综合承载力中，经济承载力、环境承载力、文化承载力是其中的重要组成部分，具有典型性，是各子系统之间的相互促进效应和相互博弈结果的权衡。本节理论的应用主要体现在第八章从实证角度量化京津冀城市群综合承载力中经济、文化及生态环境的发展关系，在分析京津冀城市群三方面的整体发展水平基础上，运用耦合协调模型研究京津冀经济、资源环境、文化承载力的耦合协调度，从协同角度找出各地区优劣势进行互相补足，促进地区承载力综合水平提高。

第三章　城市群承载力概念界定与系统构成

　　我国的城镇化进程不断加快，城市发展迅速。城市群发展过程中也出现了一些亟须解决的问题。《中共中央关于制定国民经济和社会发展第十一个五年规划的建议》提出增强城市群的整体竞争力，此后陆续出台了《京津冀协同发展规划纲要》《粤港澳大湾区发展规划纲要》《长江三角洲区域一体化发展规划纲要》等规划纲要。城市群的建设有利于城市的资源整合与分配。京津冀城市群位于中国北部，包含北京市、天津市两大直辖市，带动周边城市联动发展（石家庄市、唐山市、保定市、秦皇岛市、廊坊市、沧州市、承德市、张家口市等）。城市群已经成为新时期城市与区域空间组织的重要形式，而且长期来看，城市群将是我国解放和发展生产力的核心支点，所以对城市群承载力研究具有重要的理论价值和现实意义。

第一节　承载力的内涵与发展

一、承载力起源及概念的产生

　　承载力理论早期主要集中于人口等领域，主要是理论探讨，研究非人类生物种群增长规律。1798 年英国学者马尔萨斯发表了《人口原理》，其中涉及到人口理论中的假设。张林波等（2009）认为马尔萨斯人口论中隐含的这些假设条件构成了承载力理论的基本要素和前提，马尔萨斯人口理论为承载力理论起源奠定了第一块坚实的基石。[①]厘清承载力的概念是研究基础，美国哈德文和帕尔默于1922年在开展牧场最大载畜量研究时提出承载力概念。后续研究中，承载力概念开始出现在生态学文献中。1953年奥德姆（Odum）在其著作《生态学基础》（*Fundam entals of Ecology*）中给出承载力的数学意义。

（一）理论发展的探索阶段

该阶段主要在1953年至20世纪80年代中后时期，在这一时期承载力研究从自然环境和实验室中的理论研究扩展到了人类社会实践活动研究中。主要的研究角度也发生了转变，从前较多以生物（除人类外）种群增长规律和粮食制约下的人口问题为主，此后转变为在资源环境约束情况下的人类经济社会发展状况为主的研究，在该阶段产生了众多关于承载力的研究，如罗马俱乐部于1972年发表的《增长的极限》以及随后发表的研究，如联合国粮农组织（FAO）、教科文组织（UNESO）、经济合作与发展组织（OECD）等先后开展的承载力研究以及澳大利亚的人口承载力研究（姜文超，2004；李广，2002；张林波，2009）。[②]

[①]　张林波、李文华、刘孝富、王维：《承载力理论的起源、发展与展望》，《生态学报》2009年第2期。

[②]　姜文超：《城镇地区水资源极限承载力及其量化方法与应用研究》，博士学位论文，重庆大学城市建设与环境工程学院，2004年，第12页。李广：《黑龙江省国有林区人口承载力问题研究》，博士学位论文，东北林业大学经济管理学院，2002年，第6页。张林波：《城市生态承载力理论与方法研究——以深圳为例》，中国环境科学出版社2009年版，第15—16页。

（二）研究领域的拓展与深化阶段

随着越来越多的学者开展对承载力的研究，更为广阔的范畴开始探索承载力的应用，例如涉及环境影响评价、农业、旅游和娱乐管理、自然资源管理和森林管理等。

由于承载力的研究不断发展，研究重点也不再局限于粮食问题，扩展到了自然资源禀赋、环境生态、土地、水资源、矿产资源、能源和环境承载力等相关研究，并且各承载力之间的关系也逐步受到重视。迈耶（Meyer）和奥苏贝尔（Ausubel，1999）描述了科技进步对承载力的影响。加拿大生态经济学家威廉·里斯（William Rees）及其博士生瓦克纳格尔（Wackernagel）于 1996 年提出了生态足迹方法，这推动了承载力研究广泛应用于各个领域。

随着承载力研究的不断发展，承载力评价内容、方法也在不断完善，单项承载力的研究取得很大的成果，而关于综合承载力的研究还需进一步提升，现有研究很多基于地级市及以上城市或省级尺度，但诸如城市群等区域承载力的研究还需进一步拓展，相关领域的研究还有待进一步加强。

二、承载力具体内涵

承载力原本是物理概念，被引入生物学与生态学之后，其含义是指在特定环境条件下某种生物个体可以存活的最大数量，主要是从理论上研究生物种群数量增长极限，包括粮食制约下的人口总量等问题（邓玲，2019）。[①] 埃林顿（Errington）于 1934 年基于生态系统角

---

① 邓玲：《绿色发展理念下资源环境承载力研究进展及对策》，《当代经济》2019 年第 10 期。

度提出承载力概念，将其定义为在有限的食物和避难所以及捕食者和人类开采同时存在的限制条件下生态系统所能达到的最大生物存活数量（Errington P. L.，1934）。[①] 在此之后，关于承载力的研究不断丰富，并且涉及不同领域，如资源承载力、环境承载力等方面的研究。贾立斌、袁国华（2018）也从物理学角度出发解释了承载力，认为这是在物体不受破坏情况下所能承受的最大负荷量，承载力在资源环境保护和经济发展中广泛应用，资源要素和科学技术等多方面对其产生影响。[②]

（一）资源承载力研究

资源环境承载力（Resource Environment Carrying Capacity, RECC）理论关注于社会经济发展与资源环境相互作用关系，为实现"社会经济—资源环境"的可持续发展提供良好的支撑（牛方曲等，2019）。[③]

张善余（1999）认为资源承载力实质就是区域资源数量和质量总和对区域可持续发展所能提供的最大支撑力，是区域可持续发展的核心指标和重要反映。资源环境承载力评价应落实为人口数量，即特定的区域（社会经济系统）内，在自然生态环境不受破坏并维系良好的生态系统前提下，区域资源环境所能承载的人口数量的上限（牛方曲等，2018）。[④]

[①]　Errington P. L., "Vulnerability of Bobwhite Populations to Predation", *Ecology*, No.2, 1934.

[②]　贾立斌、袁国华：《基于系统动力学的土地资源承载力评价与监测预警——以安徽省凤台县为例》，《国土资源科技管理》2018年第1期。

[③]　牛方曲、封志明、刘慧：《资源环境承载力综合评价方法在西藏产业结构调整中的应用》，《地理学报》2019年第8期。

[④]　牛方曲、封志明、刘慧：《资源环境承载力评价方法回顾与展望》，《资源科学》2018年第4期。

1. 土地资源承载力

土地是人类赖以生存和发展的物质基础，在经济社会中也有着举足轻重的作用，是农民从事农业生产、城市建设和发展以及提供各种生态服务不可或缺的空间载体，因此区域土地承载力就成为了衡量该区域经济社会发展的重要指标，同时对土地资源承载力水平的科学评价，成为科学规划区域经济社会发展的重要依据。

通过梳理国外文献发现，对土地承载力后续研究如澳大利亚的土地承载力研究、联合国粮农组织的发展中国家土地潜在人口支持能力研究等。近年来国内关于土地资源承载力的研究日益增多，方法也在不断优化。初期研究主要聚焦于农业生产潜力，其后展开了大规模的实际研究工作。代表性的研究成果之一是中国土地资源生产能力及人口承载量研究课题组（1991）完成的《中国土地资源生产能力及人口承载量研究》。针对省域或城市的土地承载力研究的内容逐渐增多，研究方法也在不断丰富和完善，土地生产潜力、系统动力学、综合评价指标体系法等方法得到了广泛应用。

2. 土地承载力的内涵

经过长期的探索研究，土地承载力研究日益受到广泛关注，围绕以土地资源为承载体，学者们研究了土地对人口等的承载。刘东等人（2011）以地区内耕地生产的粮食为判据，从人口与粮食关系入手，通过对理论人口承载数量与现实人口数量进行对比，来衡量中国土地资源承载力状况。林培等（1995）认为单位土地面积承载人口的潜力是在一定条件下，土地资源生产力与一定生活水平下的人均消费标准之比。[1]

---

[1]　林培:《土地资源学》，中国农业大学出版社1996年版，第91页。

高爽等（2019）认为土地承载力是指在一定时期、一定空间区域土地资源所能承载的人类各种活动的规模和强度的限度，用建设用地占比来表征。①

3.水资源承载力

水资源是人类生存和发展必不可少且不可替代的自然资源，是影响区域经济发展水平的重要因素，对水资源承载力的研究是除对土地资源承载力研究之外又一重要的研究，水环境承载力是衡量社会经济发展与水环境协调程度的指标。对于水资源的内涵，学术界进行了较多的研究，国外专门针对水资源的研究不是很多，国内早期对于水资源承载力展开研究的是施雅风和曲耀光等（1992），他们提出了水资源承载力的概念。当前水资源承载力概念较流行的有水资源的最大支撑力、最大支撑规模以及最大开发容量三种观点（黄贤金、周艳，2018）。②王保乾等（2020）将水资源承载力定义为在可持续发展原则之下，兼顾生态环境的建设，促进社会经济发展的最大支持力。③因此，科学评价水资源承载力，对于发现问题、开展监测等具有重要作用。

4.水土资源承载力

只研究资源承载力的单一维度（例如水资源承载力或者土地承载力）会存在一定的局限性，所以有很多学者综合考虑水、土资源要素，对水土资源承载力进行了研究。关于水土资源承载力的定义，不

① 高爽、董雅文、张磊、蒋晓威、叶懿安、陈佳佳：《基于资源环境承载力的国家级新区空间开发管控研究》，《生态学报》2019年第24期。

② 黄贤金、周艳：《资源环境承载力研究方法综述》，《中国环境管理》2018年第6期。

③ 王保乾、杨晖、竺运：《长江经济带水资源承载力综合评价研究》，《资源与产业》2020年第1期。

同的学者有不同的定义。郭嘉伟等（2018）指出水土资源承载力是一定的区域水土资源所能发挥的最大效能，在不突破上限的情况下，与区域多种资源相对和谐并可以提供稳定的生产环境所能容纳支撑的人口数量。[①] 除此之外，还有学者提及水土资源承载力是指水土复合承载系统中资源和环境系统的供容能力及其可持续的社会经济活动强度和一定数量人口的与当前社会发展状况相适应的生活质量（邓红霞等，2006；南彩艳、粟晓玲，2012）。[②]

（二）环境承载力研究

随着工业化和城镇化的不断发展，关于环境承载力的研究也成为学者和各界人士越来越重视的问题。环境承载力按照环境要素分类，包括大气环境承载力、水环境承载力、土壤环境承载力等单要素承载力以及城市环境、农村环境、交通环境等复合要素承载力等多个方面（邓玲，2019）。对于环境承载力的概念，不同的学者有不同的观点。毕肖普（Bishop，1974）在其著作《环境管理中的承载力》指出环境承载力表明在维持一个可以接受的生活水平前提下，一个区域所能永久地承载的人类活动的强烈程度。[③] 唐剑武等（1997）认为环境承载力是指在某一时期、某种环境状态下，某一区域环境对人类社会经济活动的支持能力的阈值。[④]

[①] 郭嘉伟、张军、陈彦：《基于熵权可拓物元模型的会宁县水土资源承载力评价》，《甘肃农业大学学报》2018年第6期。

[②] 邓红霞、李存军、朱兵、丁晶：《基于集对分析法的生态承载能力综合评价方法》，《长江科学院院报》2006年第6期。南彩艳、粟晓玲：《基于改进SPA的关中地区水土资源承载力综合评价》，《自然资源学报》2012年第1期。

[③] Bishop A. B., "Carrying Capacity in Regional Environmental Management", *Conservation in Practice*, No.1, 1974.

[④] 唐剑武、郭怀成、叶文虎：《环境承载力及其在环境规划中的初步应用》，《中国环境科学》1997年第1期。

（三）资源环境综合承载力研究

1. 资源环境承载力内涵

目前关于资源环境承载力的研究从人口与经济规模的角度出发，对资源环境承载力进行概念界定，是指在良好的环境可持续性的前提下，在特定地理区域内资源要素禀赋和生态环境所能容纳的最大人口和经济规模（郝庆等，2019）。[①] 资源环境承载力具有多维度构成的特征，涵盖资源承载力、环境承载力、生态承载力、地质环境承载力等方面。渠开跃、尹兵合（2019）认为当前资源环境承载力是指在自然生态环境不受危害并维系良好生态系统前提下，一定地域空间可以承载的最大资源开发强度与环境污染物排放量以及可以提供的生态系统服务能力。[②]

2. 资源环境综合承载力的发展

20世纪40年代末，威廉·福格特在其著作中阐述了资源环境极限的概念。世界范围内快速工业化、城镇化带来全球性资源环境危机后，传统的单维（单要素）的承载力研究难以解决经济社会发展与资源环境不协调的问题，综合性的资源环境承载力逐步受到重视（邓玲，2019）。

一些学者先后对海岛地区、环渤海地区、西北地区、长江三角洲地区等开展了区域资源环境承载力的综合研究，采用了门槛分析法、状态空间法、生态足迹法、指标体系评价法等方法。21世纪后，资源

[①] 郝庆、封志明、赵丹丹、魏晓：《自然资源治理的若干新问题与研究新趋势》，《经济地理》2019年第6期。

[②] 渠开跃、尹兵合：《资源环境承载力研究与监测预警实践》，《资源节约与环保》2019年第7期。

环境承载力评价的重要作用日益受到关注，更多的研究者认识到资源环境承载力研究的重要性和必要性。总体上目前的研究较多考虑某一个或某几个方面的承载力，关于综合考虑多种因素的综合承载力研究需要进一步推进，研究区域上还需要进一步开展城市群的综合承载力研究。

（四）生态承载力研究

生态承载力是衡量可持续发展的重要指标，研究生态承载力有利于实施可持续发展。国外相关研究主要聚焦于种群生态学，从生物种群角度进行研究分析。我国学者也对生态承载力概念进行了总结分析。贝利（Bailey，1984）将生态承载力定义为在无狩猎等限制条件下生物种群数量与环境可持续性实现协调共生。[1] 国内学者唐晶等（2019）指出生态承载力为维系某地区人口生存、发展的需要，该域自然资源（土地面积、各种资源、气候环境等）自我维持与自我调节的能力。[2]

（五）经济承载力研究

经济承载力是其他承载子系统的基础，在综合承载中起到物质基础的作用。经济承载的能力对综合承载能力具有举足轻重的作用，在人口承载、生态承载等前期关注焦点的基础上，逐步受到关注。当前有不少学者在一定条件假设前提下对其进行分析和概念界定，例如，在特定的地理活动空间、特定的要素资源禀赋和生态环境的条件下进行界定。蔡永龙等（2017）则以经济水平为主体，以人口为承载对象

---

[1]　Bailey J. A., *Principles of Wildlife Management*, John Wiley & Sons Inc., New York, 1984.

[2]　唐晶、葛会超、马琳、周敬宣、周业晶：《环境承载力概念辨析与测算》，《环境与可持续发展》2019 年第 2 期。

来定义城市经济承载力，即在不同时间尺度上，在经济社会可持续发展的条件下，某城市辖区的经济发展水平所能承载的人口数量。[①]有学者将聚集经济活动作为经济承载力的主要对象，将经济承载力定义为在一定资源和环境约束下，保证经济高质量发展的前提下，城市或城市群所能聚集的经济活动（李国平、崔丹，2022）。[②]

第二节　城市综合承载力的特征与系统构成

一、城市综合承载力内涵

京津冀城市群的研究具有很好的典型性。随着经济的快速发展，对各种资源的需求日益增多，生活污染和工业污染压力也不容忽视。而一个城市的承载力是有限度的，超出了承载力所能容纳的范围，会导致城市环境恶化，这会严重影响到城市群的经济、社会、人文的可持续发展。因此，通过评价其综合承载力，定量研究京津冀人类活动、自然资源和社会环境的关系，可以分析出制约和影响城市群发展的相关要素，并根据这些因素提出提升京津冀城市群综合承载力的针对性建议。

傅鸿源、胡焱（2009）认为城市综合承载力应当包括城市资源承载力、城市环境承载力、城市生态系统承载力、城市基础设施承载力、城市安全承载力、公共服务承载力。[③]陈晓华、钱欣（2019）选取了

---

① 蔡永龙、陈忠暖、刘松：《近 10 年珠三角城市群经济承载力及空间分异》，《华南师范大学学报（自然科学版）》2017 年第 5 期。

② 李国平、崔丹：《我国城市群人口和经济承载力及其提升策略》，《改革》2022 年第 7 期。

③ 傅鸿源、胡焱：《城市综合承载力研究综述》，《城市问题》2009 年第 5 期。

土地、交通以及水资源等五个要素作为评价指标对长江生态区城市群综合承载力开展研究。李东序（2008）认为城市综合承载力即一定时期、一定空间区域和一定的社会、经济、生态与科技进步条件下，城市资源在自身功能完全发挥时所能持续承载的城市人口各种活动规模和强度的阈值。[①] 刘少丹（2019）选取自然资源、环境及经济等方面数据，通过建立生态足迹模型对京津冀地区的资源环境承载力开展实证分析。

城市综合承载力研究的内涵逐步丰富，其涵盖范围应包括资源、环境、经济、社会等承载力各子系统，这些系统间的有机融合，并非简单组合，而是相互联系、相互影响，共同构成了一个复杂的承载系统。

二、城市综合承载力特征

城市综合承载力具有以下特征：

（一）客观性

城市综合承载力是客观的、可以认识的。在一定的时间范围内，城市综合承载力的大小受多种因素的制约，通过数据收集和方法的筛选，能够对其进行客观评价。

（二）主观性

在衡量城市综合承载力时，由于所选的指标体系及衡量标准的不同，同一个区域的综合承载力的衡量会有不同的结果。同时，人们在掌握了城市综合承载力内在规律的基础上，会使所从事的经济活动朝

---

① 李东序：《城市综合承载力理论与实证研究》，博士学位论文，武汉理工大学管理学院，2008年，第40页。

着有利于人类发展的方向进行，通过补足短板，制定优化方案，提升城市综合承载力。

（三）时空差异性

不同的时间或区域范围，人口、生活方式、产业布局等也可能存在差异，同时经济发展水平、生态建设、经济活动的力度可能也会不同，这些因素对城市承载系统都会有不同的影响，容易形成城市综合承载力的时空差异性。

（四）层次结构性

城市综合承载力系统内部各个要素之间不是孤立的，而是存在相互影响、相互作用的关系，该系统往往可以分为不同的层级，构建承载力评价指标时，每指标层由若干相互联系的不同方面的指标构成，这些方面又可以分为若干更为详细的方面的指标。通过汇总可以得到不同层面上的城市综合承载力。

（五）动态性

城市综合承载力的各个要素一般处于不断地运动之中，其功能结构的稳定是相对的，当一些承载系统超过系统的自我调节能力时，整个系统就可能受到影响，子系统往往处于动态变化中。所以，开展城市群综合承载力研究应该放在一个更长的时间段进行分析，通过测度子系统的承载能力，剖析不同区域在承载力提升过程中在不同时间段存在的优势和短板。

综上所述，城市综合承载力之间还存在一定的脆弱性，当某一方面的承载濒临承载阈值时，会对总体承载力造成很大影响，这就要求开展城市综合承载力的过程中，遵循以上原则，动态关注承载优势和短板，尤其是承载短板，推动综合承载力的各层面协调发展。

三、城市综合承载力的构成

正如前文所述，城市综合承载力是一个庞大复杂的系统，涵盖了经济、环境等诸多子系统，为了保障综合承载力评价结果准确、有效，要科学的构建城市综合承载力指数评价模型，要反映出其物质基础与其受载体之间互动耦合的关系（张奎，2014）。[①]

本书综合各学者城市综合承载力评价指标体系构建的方法，使用人均 GDP 等 51 个指标进行体系构建，组成经济、人口、粮食、公共服务、交通、基础设施、环境、文化、科技九个子系统，科学的构建了城市综合承载力的评价体系。

（一）经济承载力子系统

城市综合承载系统中，经济承载力往往是综合承载的经济活动体现，依赖于其他系统提供的物质基础，经济承载能力提升对其他子系统也提供了坚实的基础支撑。本书经济承载力指标选取了人均 GDP、第三产业占比、对外贸易依存度、人均地方一般公共预算收入、人均固定资产投资额、人均社会消费品零售额、城镇居民人均可支配收入等指标，对其进行评价。

（二）人口承载力子系统

人口承载力子系统是指人口构成现状。本书人口承载力指标选取了人口密度、人口自然增长率、登记失业率、科技活动人员占比、第三产业就业人员数所占比重、城镇单位从业人员期末人数占比等指标。

（三）粮食承载力子系统

粮食承载是维持人类生活的基础承载，保障粮食承载是人口承

[①] 张奎：《北京市城市综合承载力指数研究——基于主成分分析》，《调研世界》2014 年第 8 期。

载、公共服务承载、交通承载等的基础。粮食承载力子系统，由基本农业发展条件构成，本书选取的指标有人均粮食作物播种面积、人均农作物灌溉面积、人均粮食产量、食播面积占播种总面积比率、粮食单位面积产量等指标。

（四）公共服务承载力子系统

公共服务承载力体现了城市综合承载力的质量，与人们日常的基本生活息息相关，反映了公共服务承载力的供给能力和居民的需求，良好的公共服务承载力有助于其他承载子系统的发展，受其他子系统承载尤其是经济承载影响的同时，也会对其他子系统产生影响。本书公共服务承载力子系统由普通中学专任教师师生比、每万人拥有医院数、每万人拥有执业（助理）医师数、城镇职工基本养老保险参保人数比例、城镇职工基本医疗保险参保人数比例、失业保险参保人数比例组成。

（五）交通承载力子系统

交通承载力是城市可持续发展的重要考量之一。交通承载力反映了区域对人口、经济活动等流动的承载能力，其对于其他子承载系统具有重要的支撑作用。交通承载力子系统由该地区交通发展程度构成的现状组成，本书选取的指标有人均道路面积、每万人拥有公共交通车辆、每万人拥有出租汽车数、公路客运量在全国中的占比、公路货运量在全国中的占比等。

（六）基础设施承载力子系统

基础设施承载力即一定时期、一定状态或条件下，城市内外交通和公共设施等承载城市人口社会活动与经济活动所需物资、信息、资金以及人才等要素流动的能力（李东序，2008）。本书基础设施承载力子系统由人均邮政业务收入、人均电信业务收入、城市生活用水人均供水量、城市居民生活人均用电量、人均供气量、燃气普及率六大指标构成，从整体上体现了某一地区基础设施发展的强度。

（七）环境承载力子系统

环境承载力子系统是对城市人类社会活动与经济活动的重要支撑，对城市发展起到至关重要的作用。该子系统体现了该城市内环境因素发展状态，本书选取了人均公园绿地面积、城市建成区绿化覆盖率、生活垃圾处理率、排水管道密度、污水处理率、一般工业固体废物综合利用率等指标。

（八）文化承载力子系统

文化承载力是城市发展的"软实力"承载。文化承载力是指一定时期、一定状态或条件下，城市所特有的市民社会意识、道德观念、文化氛围和风俗习惯等通过对城市硬件的影响和作用而产生的城市承载力变化（牛阿慧，2018）。[①]该子系统反映了某城市文化产业发展和支撑硬件承载发展的现状，本书选取了电视节目综合人口覆盖率，人均国内旅游收入，每百人公共图书馆图书藏量，文化、体育、娱乐产业从业人员比例，每万人剧场、影剧院拥有量等指标。

（九）科技承载力子系统

科技承载力即一定时期、一定状态或条件下，城市技术水平融合于城市硬件而产生的倍增承载力（李东序，2008），是促进城市群保持活动和动力的能量来源，是促进综合承载力加快提升的重要方面。科技承载力子系统反映了该地区科技发展状态，本书选取了科技支出

---

① 牛阿慧：《郑州城市综合承载力评价研究》，硕士学位论文，郑州大学商学院，2018年，第16页。

占地方公共财政预算支出的比重、万人专利申请授权数、每万人普通高等学校在校学生数、互联网宽带接入用户数在全国中的占比、移动电话用户数在全国中的占比等指标。

四、城市群承载力的协同发展内涵

协同发展理论被广泛认可，突出了系统内各组成部分之间的协同促进，是一种共同发展的状态。这就要求我们在考虑城市群的发展时，应该综合考虑各方面的因素。

对城市群内某一城市的承载力进行分析时，既要维护好某一承载力自身发展，处理好内部协调的问题，比如：对于水资源来说，要注意节水和调水的关系；对于土地资源来说，要注意处理好增和减的关系；对于环境承载力来说，要注意好治污和治本的关系；对于社会经济承载力来说，既要注意好控房价和控地价的关系，又要注意协调好资源承载力、环境承载力和经济承载力等承载力之间的关系，比如：社会经济承载力和环境承载力，在促进经济增长的同时，不得以牺牲环境为代价，避免影响环境自我调节的功能。

综合以上情况，我们既要考虑到城市之间承载力平衡、协同的问题，还要考虑到各城市内各承载力之间的平衡、协同发展问题。

第三节　承载力子系统划分及之间的联系

综合承载力不同于单因素承载力的研究，测度的是一个庞大的、错综复杂的系统，综合承载力是由各个耦合在一起的不同的各个子系统构成的，在综合承载力中，各个子系统之间有着各种各样的关系，有些子系统之间还可能有着因果关系。

一、粮食、人口承载是综合承载力的目标体现

综合承载系统中，人口承载、粮食承载依托于其他承载子系统，并且是承载能力的显著体现。而人口承载在提供必要劳动力的同时也会对其他子承载系统产生较大影响。

粮食承载能力体现了对承载人口的支撑，反过来，适量的人口承载为粮食和经济承载提供了必要的劳动力。人口的增长加大了粮食承载压力，同时对公共服务、交通、基础设施、环境等承载力子系统产生较大的影响。经济承载为人口承载提供了坚实的物质基础，公共服务、交通、基础设施、环境等承载力子系统承载能力的提升提高了人口承载的质量。因此，分析如何在有限的资源下提升人口承载、粮食承载，研究各城市中作为维持人类生活的基础承载的粮食、人口承载之间的具体机制以及协调其与其他各承载系统之间的关系，对可持续发展具有重要的现实意义。粮食和人口承载需要耕地等资源作为支撑，顾芗等（2009）结合江苏沿海地区实际状况，根据耕地压力指数（K）将区域分为了无压区、边缘区、低压区以及高压区共四大区。

二、经济承载与人口承载紧密相连

人口是经济活动的主体，经济承载的提升需要人口承载提供劳动力、市场等支撑，适当的人口规模和较高的人口素质将会在促进科技、文化等承载的同时提升经济承载能力；反之，人口过度集聚甚至超出区域承载范围时将会提高生产成本，对交通、基础设施、公共服务等承载产生压力，并对经济承载产生影响。除此之外，经济水平的

高低也会对本区域乃至周边地区人口流动产生影响。因此，促进人口和经济协调发展，有助于进一步提升综合承载能力和承载子系统之间的协调，完善两者关系是促进社会发展的重点关注内容，也是推进可持续化进程的重要举措。

三、环境承载力是人口、经济等其他承载子系统的环境基础

产业的迅速发展促进了对能源、各种原材料的使用，并需要更多的空间支持，同时也容易产生各种污染问题，由此加大了环境的承载压力。汤睿、张军涛（2019）基于熵值法对 2008—2017 年中国 31 个省（市、自治区）地级及以上城市的环境治理水平与经济发展水平进行测算，运用协调度模型着重探讨了二者的协调性。同时，经济的迅速发展又为环境污染的治理提供物质基础，经济的快速发展使更多的人口集聚于某区域，有利于企业创新，促进科技承载能力提升，通过使用更清洁的技术降低了污染排放，降低污染排放同样有利于经济发展。

人口构成经济社会和生态环境的基本单元，其活动、技能、观念与经济效益及环境可持续性既相互促进，又相互博弈。绿色技术、环保观念不仅可以促进经济发展，同时可以提升环境承载能力。经济承载力提升为更高质量的生活提供了物质基础。环境子系统是其他承载子系统的环境基础，良好的环境会吸引高素质人才，进一步提升人口承载力以及经济承载力。人口、经济、环境既相互影响也相互支撑。耦合度可以体现出系统内部间的协调程度。周婷、邓玲（2008）在其发表的论文中运用模型解释了资源环境承载力和经济承载力之间的关系。

第四章　城市群承载力研究的方法体系

　　掌握城市群承载状况对于分析承载能力发展趋势，界定区域承载优势和承载短板，促进城市群整体承载能力提升具有重要意义。开展评价过程中，评价方法的筛选是关键环节。随着承载力研究的发展，评价方法日益丰富，呈现出多学科交叉的特点，主要涉及的方法包括熵值法（刘荣增等，2021）、生态足迹法（肖宜等，2021）、层次分析法（吴舒璇，2021）、综合评价法（黄志启、郭慧慧，2019）、空间计量模型（刘佳等，2022）、耦合协调模型（田培等，2021）等。各种方法都有自身的优势，因此针对京津冀城市群自身的发展情况，选择合适的方法对城市群承载力进行科学的研究至关重要。

第一节　承载力相关评价方法介绍与筛选

一、层次分析法

　　层次分析法（Analytic Hierarchy Process，AHP）是一种定性与定量相结合的多目标决策方法。分析的实质是进行不同方案的比较，通过比较为决策提供理论依据。通过将多个指标的比较分解为各个指标两两之间的比较，在众多备选方案中选择符合既定目标的最优方案。

通常情况，层次分析法可以分为以下主要步骤（徐国祥，2016）[①]：

第一步，建立层次结构模型。在对研究问题进行系统化认识的基础上，将决策问题分成目标层、准则层（子目标层）和方案层。以本书为例，则将京津冀城市群承载力的测算作为目标层，构成城市群综合承载力的各子系统作为准则层，最后通过设计不同的承载力提升方案作为方案层。

第二步，构造比较判断矩阵。通常采用1—9打分标准作为矩阵中某行和某列对应单元格指标的判断标准。例如构成京津冀城市群承载力的经济子系统与文化子系统被认为一样重要，则某专家打分时候对应矩阵元素填1；若两个子系统相比较，一个子系统比另一个子系统稍微重要，则矩阵元素填3。

第三步，计算各子系统或评价指标的权重，通过一致性检验判断结果的可靠性。根据第二步给出的承载力评价一级指标、二级指标等比较判断矩阵，计算确定每个承载力子系统或者各级评价指标的权重。进一步通过一致性检验判断结果的可靠性。

第四步，汇总各级指标权重，据此计算各方案的综合得分。根据各层指标权重计算各方案的综合得分，通过比较确定最优的决策方案，并做整体的一致性检验。

本书测度京津冀城市群承载力所用的指标较多，涉及子承载方面众多，要求较强的客观性，判断矩阵较为庞大。层次分析法需要选择的专业人士涉及众多领域，统一判断标准难度较大，因此需要选取其他更适用的方法对京津冀城市群承载力进行评价。

[①]　徐国祥：《统计预测和决策（第五版）》，上海财经大学出版社2016年版，第284—292页。

二、综合评价法

综合评价法（Synthetical Evaluation）是指运用多个评价指标对一个复杂系统进行综合评价的方法。该方法通过收集各方面评价指标，依据权重测度方法进行各指标的综合，得到一个较为统一的比较标准。如本书研究京津冀城市群综合承载力，最后依据各城市的综合承载力得分进行排序，并依据其中的子承载系统得分可以对不同子承载系统进行比较。通常情况，综合评价法可以分为以下主要步骤：

第一步，明确评价的目标。若以综合评价法作为本书研究方法，评价目标则明确为测度京津冀城市群各城市的综合承载力。

第二步，筛选指标，构建指标体系。指标体系要尽可能涵盖评价对象各个方面的特征要素。例如，本书应考虑京津冀城市群承载力各子承载系统构成的相关指标体系进行全方位构建。

第三步，收集数据并进行数据预处理。收集数据时注意数据源尽量统一，选择权威数据来源，并需要认真对数据进行预处理和数据复核。

第四步，确定指标体系中各指标权重。各个评价指标往往对评价对象的作用程度不同，这就需要依据其重要性赋予对应的权重，应根据数据离散度等特点、评价时期跨度、评价的目标等从多种赋权方法中选择恰当的方法，以保证科学性。

第五步，依据指标数据和指标权重，计算评价对象的综合得分。当采用本方法计算时，综合得分即为京津冀城市群综合承载力水平情况，京津冀地区各城市发展状况通过测度结果即可表现出来。

本书在测度京津冀城市群承载力中使用的指标较多，权重方法的计算是本书研究的重点以及难点，选取赋权时可能存在较大的难度，应尽量减少评价结果与真实的承载力之间的偏差，从而尽量准确地测度京津冀城市群各区域综合承载水平。

三、生态足迹法

20世纪90年代，加拿大里斯教授率先提出了生态足迹（Ecological Footprint）的基本概念，瓦克纳格尔在里斯教授的基础上完善了生态足迹的计算模型并加以应用。生态足迹法通过把人类活动对自然资源和生态环境的消耗量转化为对土地和水域面积的占用量，以此来对资源消耗和废物吸收所需要的生态生产性土地面积进行量化计算。

生态足迹法主要包含生态足迹、生态生产性土地、生态承载力及生态盈亏等方面的内容（谢鸿宇等，2008），[①] 生态足迹表示生态足迹需求水平；生态承载力表示生态足迹供给水平；生态盈亏指数反映了两者之间的平衡关系，通过比较二者间的差额来判断生态系统属于生态盈余还是生态赤字，以此来判断生态环境的可持续性。生态足迹法在资源环境承载的评价研究中应用较多，然而本书研究对象为京津冀城市群综合承载力，还包括除资源环境外的经济、文化、社会、科技等多个方面，资源环境承载只是众多承载子系统中的一个方面，仅从生态足迹角度考虑承载力无法综合反映区域综合承载发展水平，如在资源环境方面考虑生态足迹法，则与其他子承载系统评价体系存在方法不一致的情况，不便于各子承载系统之间的比较分析，直接加总各承载子系统评分，城市群综合承载力的评价也容易产生偏差。

---

① 谢鸿宇等：《生态足迹评价模型的改进与应用》，化学工业出版社2008年版，第1—8页。

表 4-1 为层次分析法、综合评价法、生态足迹法的优点和难点。总的来说，层次分析法主观因素较大，需要专家学者主观判断指标权重；综合评价法中权重的方法设定难度较大；生态足迹法多应用于生态环境方面。

表 4-1　本书中评价方法的优点和难点

	优点	难点
层次分析法	1.分析方法主客观相结合； 2.计算方法简洁实用，能将多目标、多准则、难量化的决策问题进行分解和条理化	1.专家的选择难度大； 2.评价的备选决策方案固定，评价前需完整设计，存在难度； 3.判断矩阵打分时标准统一存在难度
综合评价法	1.评价指标能够很好地契合评价对象的构成； 2.评价结果能够综合反映评价对象	1.指标权重赋权方法多，如何筛选最优的权重赋值方法存在难度； 2.指标体系构建时覆盖的全面性、指标共线性等问题需要重点解决
生态足迹法	具有系统性、客观性，便于理解，可以判断城市群生态承载状况和生态环境承载发展走势	具有一定的假设，主要应用于生态环境领域，在评价综合承载力时，如何与其他评价方法的匹配存在难度

四、熵值法

信息学专家香农（Claude Elwood Shannon）提出了信息熵表述了信息源的信号的不确定性，可以用来衡量信息量的大小。熵值法依据数据携带的信息和差异程度确定指标权重，指标之间的差异越大，对于评价中的作用越大，相应的权重也越大。本书遵循综合评价法的评价思路，选用熵值法计算指标的权重，对评价对象进行评价和分析。熵值法作为多目标决策的理论方法，在多个领域的研究中具有很好的应用，能够依据数据本身特征计算各指标权重，在此基础上可以依据归一化的原始矩阵计算评价对象综合发展水平或指数。同时其作为一种客观赋权法，相比于专家赋权更具客观性，且易于操作。本书测算京津冀城市群综合承载力，指标众多，权重计算上需要突出其客观性和严谨性，因此结合本书研究对象自身发展情况来看，选择熵值法进行指标赋权较为合适。

第二节　熵值模型的构建

一、熵值法的基本模型

运用熵值法进行城市承载力测算，参考苏为华（2000）[①] 等的文献，基本模型步骤如下：

（一）构建数据矩阵

假设评价体系选取了 m 个指标，待评价的样本个数为 n 个，构建矩阵 $X_{ij}(i=1,2,\cdots,m; j=1,2,\cdots,n)$ 如下：

$$X_{ij} = \begin{bmatrix} x_{11}\cdots x_{1m} \\ x_{21}\cdots x_{2m} \\ \cdots\cdots \\ x_{n1}\cdots x_{nm} \end{bmatrix} \tag{4.1}$$

此模型可适用于时间序列数据，在对京津冀城市群中单个城市的承载力水平进行测度计算时，其数据矩阵可进行如上设置，其中时间为2008—2019年，因此 n 为12。根据第二章理论基础，将城市综合承载力划分为九大子系统，分别是经济、粮食、人口、基础设施、科技、文化、公共服务、交通以及资源环境，在每一子系统下分别选取代表性指

---

① 苏为华：《多指标综合评价理论与方法问题研究》，博士学位论文，厦门大学计统系，2000年，第117—118页。

标从而构建评价指标体系，本书共计 51 个指标，m 即为 51。

（二）数据处理

最初构建的评价指标体系所选用的原始数据在数量级上往往存在差异，各指标的量纲也会有很大不同，这些差异会对最终的评价结果造成干扰，不利于后续进行分析和评价，所以一般有必要对原始数据进行处理。数据处理方法可以选用相对处理的方法，即某个样品指标绝对量除以该指标所有样品的总和，或者采用极差变换法和标准化的方法进行处理。所选择的指标可能是正向指标，也可能是对评价结果起相反作用的负向指标，对于负向指标的数据，可以先用取负数或取倒数的方式转化成正向指标，然后再同其余正向指标一同处理。处理的矩阵 P_{ij} 表达式如下：

$$P_{ij} = \begin{bmatrix} p_{11} \cdots p_{1m} \\ p_{21} \cdots p_{2m} \\ \cdots\cdots \\ p_{n1} \cdots p_{nm} \end{bmatrix} \tag{4.2}$$

负向指标主要有人口密度、人口自然增长率以及登记失业率，分别采取取倒数进行转化再同正向指标一同处理的方法进行操作。

（三）根据信息熵计算第 j 项指标的熵值

计算公式为：

$$e_j = -K \sum_{i=1}^{m} P_{ij} \ln(P_{ij}) \tag{4.3}$$

式中，K 为玻尔兹曼常数，$K = 1/\ln(n)$，不难发现 $e_j \in [0,1]$（第七章计算京津冀各市 12 年的系统承载力得分，同（一）所设，样本个数 n 为 12）。

（四）计算第 j 项指标的差异系数 g_j

变异系数 g_j 用来刻画数据间的离散程度。

$$g_j = 1 - e_j \qquad (4.4)$$

（五）计算各个指标的权重 W_j

上一步各个指标的差异系数已经反映出该指标的影响程度，所以将各个指标的差异系数进行归一化处理即可求得各个指标的权重，计算公式为：

$$W_j = \frac{g_j}{\sum\limits_{j=1}^{m} g_j} \qquad (4.5)$$

在本书第五章构建的评价指标体系中共 51 个代表性指标，各个指标的权重经过公式计算即可得知。

（六）计算个体样本的综合得分

将数据处理后每个指标的数据值乘以各个指标的权重即为得分，最后再相加汇总成每个样本的综合得分，计算公式如下：

$$U_i = \sum_{j=1}^{m} W_j p_{ij} \, (i = 1, 2, 3, \cdots, n) \qquad (4.6)$$

在本书第七章中，各城市每个处理后的指标乘以各自权重算出该指标得分，各子系统的得分再由该系统下各指标加总。在此基础上，将各子系统得分进行汇总，以研究区域各市为视角分别计算的不同年份的综合承载力得分情况即可得知，此外，还可以分析京津冀各城市 12 年的承载力水平变化。

如果构建的指标的体系进行了分层处理，则将上层的指标所对应的下层指标的权重和得分相加汇总即为上层指标的权重和得分。

二、面板熵值法

上面介绍的熵值法的基本模型适用于截面数据或时间序列数据，对于面板数据则需要采用面板熵值法，下面为面板熵值法的主要步骤。在本书第八章研究分析京津冀城市群综合承载力中经济、资源环境、文化的关系时，为得到2008—2019年京津冀区域13个城市的三大系统承载力的发展水平，从整体上进行比较，因此采用面板熵值法进行计算。

（一）标准化处理

对数据进行标准化处理，标准化的方法有很多，以极差法为例。当原始数据为最大值最小值的时候，标准化后的数据会出现0而无法取对数处理，因此将标准化以后的数据均加上0.0001，避免上述问题。方法如下：

$$x'_{\theta ij} = \frac{x_{\theta ij} - x_{\min}}{x_{\max} - x_{\min}} \quad （正向指标标准化） \tag{4.7}$$

$$x'_{\theta ij} = \frac{x_{\max} - x_{\theta ij}}{x_{\max} - x_{\min}} \quad （负向指标标准化） \tag{4.8}$$

其中 $x_{\max}$ 和 $x_{\min}$ 代表各个指标的最大值和最小值，$x_{\theta ij}$ 表示第 θ 年第 i 市的第 j 个指标。

（二）计算矩阵

$$p_{\theta ij} = x'_{\theta ij} \Big/ \sum_{\theta} \sum_{i} x'_{\theta ij} \tag{4.9}$$

（三）测度第 j 项指标的熵值

得到标准化数据矩阵后，就能进行综合分析，e_j 为第 j 个评价指标的熵值，则：

$$e_j = -K \sum_{\theta} \sum_{i} p_{\theta ij} \ln(p_{\theta ij}) \tag{4.10}$$

其中，K 为玻尔兹曼常数，$K=1/\ln(rm)$，研究年度样本数为 12，共计 13 个城市，那么 m 取值为 12，r 取值为 13。

（四）测度第 j 项指标的差异系数

$$g_j = 1 - e_j \quad\quad\quad （4.11）$$

由于熵值 e_j 越大，所代表的指标携带信息量越少，这个指标对最终的评价结果影响越小，g_j 越大，信息增益越多。

（五）计算指标权重 W_j

由于变异系数描述了第 j 个指标的重要性，所以计算某个指标的变异系数占所有指标变异系数和的比重，即可得到这个指标的权重 W_j，计算公式为：

$$W_j = \frac{g_j}{\sum_{j=1}^{n} g_j} \quad\quad\quad （4.12）$$

本书第八章在分析京津冀城市群经济、资源环境和文化三大子系统整体发展水平时，对其各自代表性指标即可按照此公式进行权重计算。

（六）测度得分

根据各项指标的权重乘以标准化后数据矩阵即可得到各市不同年度样本在各个指标的得分情况。计算公式为：

$$F_j = \sum W_j x'_{\theta ij} \quad\quad\quad （4.13）$$

在计算各市不同年度样本在各个指标的得分情况后，将子系统各个指标的得分进行线性加总，即可得出各评价子系统得分值。在此基础上，京津冀地区各市 12 年自身经济、资源环境和文化综合发展水平对比及各系统各市承载力发展水平分析以得分量化的形式充分体现。

熵值法在诸多的学科中有着广泛的应用，采用熵值法能够帮助研究人员更好地对城市群的承载力进行测度分析，既可以计算整个评价体系各个指标的综合权重和得分，也可以同耦合协调模型等结合使用。

第三节　耦合协调模型的构建

耦合协调模型通过计算耦合度和耦合协调度来分析所研究的各系统之间的作用程度。在城市群综合承载力研究中，各子承载系统之间往往存在一定的差异，而在追求总体承载能力不断提升的同时，各个承载子系统之间协调发展也是关注的重点。

一、耦合度模型

参考于少康等（2021）、刘耀彬等（2007）等相关学者的文献，[①]借助耦合模型来分析系统之间的协调关系，计算各个承载子系统之间的关联，计算公式如下：

$$C = \left(\frac{F_1 \times F_2 \times F_3 \times \cdots \times F_n}{\left(\frac{F_1 + F_2 + F_3 + \cdots + F_n}{n} \right)} \right)^{\frac{1}{n}} \tag{4.14}$$

其中，F_1，F_2，F_3，$\cdots$，F_n 是第一次熵值分析得到的各个子系统的评价得分。本书计算京津冀各城市综合承载力时分为了几大子系统，

---

① 于少康、汪浩、熊琼兵、郑蕉：《县域国土空间开发与土地城镇化的耦合协调关系研究》，《江西农业大学学报》2021年第5期。刘耀彬、陈斐、李仁东：《区域城市化与生态环境耦合发展模拟及调控策略——以江苏省为例》，《地理研究》2007年第1期。

因此在本书中 n 为 9。 C 是系统间的耦合度。

但是耦合度 C 只能反映系统的相互作用强度，耦合度越大，说明子系统之间的相互影响越大。仅计算耦合度 C 存在局限性，其并不能评价系统间相互作用的发展水平，比如研究经济和文化两个系统之间的协调关系，经济发达地区、文化水平高地区和经济欠发达、文化水平落后地区都可能表现出较高的耦合度。因此为进一步评价系统协调的程度需计算耦合协调度。

二、耦合协调度模型

进一步计算耦合协调度（戈冬梅等，2021；张发明等，2021），[①]反映各系统之间的耦合协调水平，便于不同区域承载系统耦合协调程度的对比。

$$T=\alpha F_1+\beta F_1+\gamma F_3+\cdots+\sigma F_n \tag{4.15}$$

其中，T 是综合评价指数，是子系统加权求和得到，α、β、γ 和 σ 为待定系数，以往研究文献往往赋予相同的权重进行测算，对于具有同等重要程度的系统，系统间的协调作用具有对等性，因此赋予耦合协调模型中待定系数同等权重具有合理性。但是，对于复杂程度并不对等的子系统赋予相等权重存在不合理性，容易产生偏差。

在本书的第八章计算了经济、资源环境和文化承载力子系统的耦合协调度，虽然这三个子系统之间存在相互促进的关系，但三者均是一个复杂系统，各自发展不止受到其他两个系统的推动，如经济发

---

① 戈冬梅、陈群利、赖志柱：《中国省域旅游、经济与生态环境的耦合协调分析》，《生态经济》2021 年第 4 期。张发明、叶金平、完颜晓盼：《新型城镇化质量与生态环境承载力耦合协调分析——以中部地区为例》，《生态经济》2021 年第 4 期。

展受到来自投资、劳动、政策等诸多方面的推动,其他子系统也是如此。因此三者作用关系不一定是等权的,各赋予相等的权重容易扩大计算误差。为了解决等权的问题参考一些拓展熵值模型在待定系数中应用的文献,根据三个子系统分别的指标权重之和作为基础计算待定系数的权重,并将指标数量因素考虑进来以消除指标数量多少对计算结果的有偏影响,从而进一步测度模型中待定系数的精确数值。

$$\alpha = \frac{\sum_{j=1}^{m} Wx_j / m}{\sum_{j=1}^{m} Wx_j / m + \sum_{j=1}^{n} Wy_j / n + \sum_{j=1}^{h} Wz_j / h} \quad (4.16)$$

$$\beta = \frac{\sum_{j=1}^{n} Wy_j / n}{\sum_{j=1}^{m} Wx_j / m + \sum_{j=1}^{n} Wy_j / n + \sum_{j=1}^{h} Wz_j / h} \quad (4.17)$$

$$\gamma = \frac{\sum_{j=1}^{h} Wz_j / h}{\sum_{j=1}^{m} Wx_j / m + \sum_{j=1}^{n} Wy_j / n + \sum_{j=1}^{h} Wz_j / h} \quad (4.18)$$

其中,Wx_j 为经济承载力子系统第 j 项指标的权重,m 为经济承载力子系统评价指标的个数;Wy_j 为资源环境承载力子系统第 j 项指标的权重,n 为资源环境承载力子系统评价指标的个数;Wz_j 为文化承载力子系统第 j 项指标的权重,h 为文化承载力子系统评价指标的个数。Wx_j、Wy_j 和 Wz_j 采用的是三个系统合并分析下计算的权重,即各指标变异系数 g_j 除以三个系统所有指标的变异系数和得到。

$$D = \sqrt{C \times T} \quad (4.19)$$

其中,D 为耦合协调度。

第四节　引力模型的构建

一、概念界定及基本模型

引力模型起源于牛顿物理学中的"引力法则"，即两个物体之间的引力与它们各自的质量成正比，且与它们之间的距离成反比（盛斌、廖明中，2004）。[①]不少学者对此进行思考，认为地区之间的联系也具有同样的规律。20世纪中期在研究城市间相互联系时，齐普夫（Zipf K.）在1946年运用修正引力模型进行了实证分析，并得到较好反映，此后引力模型在区域空间相互联系的研究中逐渐广泛应用起来。

近年来，学者们将引力模型应用于地区联系研究的各个方面。李凯伦等（2019）将引力模型应用到文化方面，实证分析了文化距离和友好城市关系对我国版权贸易的影响。黄锐等（2022）在对"一带一路"倡议对沿线国家旅游发展的贡献程度及其影响的动态变化和异质性上也主要采用了引力模型进行测算。通过运用引力模型实证研究各城市之间的经济联系程度在不少文章中有所体现，蒋奕廷、蒲波（2017）[②]运用引力模型测算了成渝城市群各城市与成都、重庆两市间的经济引力，认为城市间的地理距离与其经济距离并不存在必然的相关性。同时城市间吸引力是不对称的，而这种不对称性则充分反映了城市在空间中的定位和发展倾向（张红凤等，2019）。[③]除此之外，引力模型还应用

---

① 盛斌、廖明中：《中国的贸易流量与出口潜力：引力模型的研究》，《世界经济》2004年第2期。

② 蒋奕廷、蒲波：《基于引力模型的成渝城市群吸引力格局研究》，《软科学》2017年第2期。

③ 张红凤、王鹤鸣、何旭：《基于改进引力模型的山东省城市空间联系与格局划分》，《山东财经大学学报》2019年第3期。

于其他社会科学、地理学等领域当中，可见引力模型已经成为学术界的重要研究工具，在地区的空间相互作用研究中发挥着非常突出的作用。

常用的研究地区间空间联系强度的基本引力模型公式为：

$$F_{ij} = K \frac{m_i m_j}{D_{ij}^b} \qquad (4.20)$$

其中，F_{ij} 是两个城市 i 和 j 之间的吸引力，K 为经验系数，m_i 和 m_j 分别是城市 i 和 j 的"发展质量"，D_{ij} 是两个城市 i 和 j 之间的"距离"，b 是距离衰减系数。从塔夫（Taaffe）[1] 在 1962 年的研究成果可以得知，城市间的吸引力与其之间距离的平方成反比，因此将 b（距离衰减系数）设为 2。

二、京津冀城市群引力模型

基于上文引力模型一般化公式可知，地区的"质量"和它们之间的"距离"是构建引力矩阵的重点，结合文章模型应用于研究京津冀区域综合吸引力大小，从实际出发在两方面进一步构建模型。

首先在"发展质量"上，本节研究目的是探究京津冀城市群各城市之间综合发展下的空间联系，因此城市的"发展质量"不仅只包括经济方面而是从各方面系统化，基于第三章综合承载力相关介绍将各城市内部分为九大子系统，并采用熵值法进行承载力测算得出各城市承载力水平得分，是在量化角度下科学体现出地区的整体实力，因此用其来表示各城市的"发展质量"（M_i）。

---

[1]　Taaffe J., "The City Level–Airline Passenger Limit", *The Economic Geography*, No.1, 1962.

　　城市间在经济发展状况、基础设施建设、城市建设、科技发展水平等诸多方面随空间距离的不同影响程度不同。因此，城市与城市之间的紧密程度也不是对称的，这种不对称性在本书中主要通过引力系数 K 表现出来，K 的表达式为：

$$K_i = \frac{M_i}{M_i + M_j} \times 10^7 \tag{4.21}$$

$$K_j = \frac{M_j}{M_j + M_i} \times 10^7 \tag{4.22}$$

　　此处 $K_i + K_j = 1$，当 $K_i > K_j$ 时，说明城市 i 对城市 j 的紧密程度要高于城市 j 对城市 i 的紧密程度，反之亦然。当 $K_i = K_j$ 时，说明城市 i 与 j 的紧密程度完全对称，两个城市的发展水平也较为接近。

　　除了引力系数，城市间紧密程度的不对称性还体现在"距离"上。距离一般指的是两地区之间的地理距离，但为了更加科学地展示模型对地区间空间引力的测算，本书参考以往研究，在考虑区域间地理距离的基础上，增加了高速公路、普通铁路和高速铁路的最短时间成本（齐梦溪等，2018；张红凤等，2019），对 D_{ij} 进行了改进。[①] 计算的公式如下：

$$D_{ij} = \sqrt[2]{d_{ij} \times t_{ij}} \tag{4.23}$$

　　其中，d_{ij} 为城市 i 与 j 之间的空间距离，t_{ij} 为城市 i 与 j 之间的最短时间，由于京津冀城市群城市较多，且经济发展差距较大，因此 t_{ij} 的计算分为以下三种情况：

$$t_{ij} = O_{ij}（城市 i 与 j 之间仅有高速公路） \tag{4.24}$$

$$t_{ij} = \sqrt[2]{O_{ij} \times p_{ij}}（城市 i 与 j 与之间开设高速公路和普通铁路） \tag{4.25}$$

---

　　① 齐梦溪、鲁晗、曹诗颂、王文娟、邵静、赵文吉：《基于引力模型的经济空间结构时空演变分析——以河南省为例》，《地理研究》2018 年第 5 期。张红凤、王鹤鸣、何旭：《基于改进引力模型的山东省城市空间联系与格局划分》，《山东财经大学学报》2019 年第 3 期。

$$t_{ij} = \sqrt[3]{O_{ij} \times p_{ij} \times q_{ij}}$$ （城市 i 与 j 之间开设高速公路、普通铁路和高速铁路）   （4.26）

其中，O_{ij} 为 i 和 j 两城市间的最短高速公路时间成本，p_{ij} 为 i 和 j 两城市间的最短普通铁路时间成本，q_{ij} 为 i 和 j 两城市之间的最短高速铁路时间成本。

综上所述，测算京津冀地区的引力模型最终表达式为：

$$F_{ij} = K_i \frac{M_i M_j}{D_{ij}^{\,2}}$$ （4.27）

第五章　京津冀城市群发展现状分析

城市群是以中心城市为核心向周围辐射构成的多个城市的集合体，它的发展使得区域内各地在经济、功能、交通等方面联系紧密并形成独具特色的社会生活空间网络。2021 年 3 月，《中华人民共和国国民经济和社会发展第十四个五年规划和 2035 年远景目标纲要》中指出，以促进城市群发展为抓手，全面形成"两横三纵"城镇化战略格局，优化提升京津冀、长三角、珠三角、成渝、长江中游等城市群。京津冀城市群越来越成为经济发展的战略焦点，摆在重点突出位置。而提升城市群的综合承载力，了解和测度当前的发展水平是关键，通过对各子系统和综合承载中关键方面的了解，有助于科学定位发展中的问题。

第一节　京津冀地区城市群发展概况

京津冀地区在人文地理、产业发展、环境治理等众多方面都存在着密不可分的联系。在我国的城市群中，京津冀城市群具有综合科技实力强、交通通信枢纽地位重要、工业实力雄厚以及国际投资环境良好等众多独特优势。

　　本书研究的京津冀城市群区域为京津冀区域的北京市、天津市和河北省的 11 个地级市。京津冀城市群中，北京市是我国政治、文化、国际交往和科技创新中心，有着重要的发展地位，是综合实力非常强的城市。天津市紧邻首都北京市，腹地广阔，具有优越的自然区位，同时拥有我国北方第一大港口，海陆交通便利，自然资源丰富，产业基础雄厚，有很大的发展潜力，在城市群发展中起到较大的促进带动作用。河北省包含石家庄市、邢台市、邯郸市、秦皇岛市、保定市、唐山市、廊坊市、张家口市、沧州市、承德市、衡水市，在自然资源、生产、流通、市场、科技、人才和区位方面有着很大的发展优势。

　　截至 2020 年年底，京津冀地区年末总人口为 11040 万人，占全国总人口的 7.82%；国内生产总值 86393.17 亿元，占全国总量的 8.5%；货物进出口总额为 34966.96 亿元，占全国进出口总额的 10.9%（数据来源于《中国统计年鉴》）。

一、经济发展现状

（一）地区生产总值

　　京津冀地区经济总量规模较大，其中 2020 年北京市生产总值为 36102.6 亿元，天津市为 14083.7 亿元，河北省为 36206.9 亿元，与 2008 年相比分别提高了 205.6%、171.8% 和 155%，经过十几年的发展，北京市地区生产总值翻倍增加，增速最快，天津市次之，河北省相对较慢。天津市和河北省虽不及北京市，但也在很大程度上提高了经济发展的总体水平，整体来看京津冀地区经济发展水平相对较高，生产总值提升迅速、发展前景较好。

单位：元

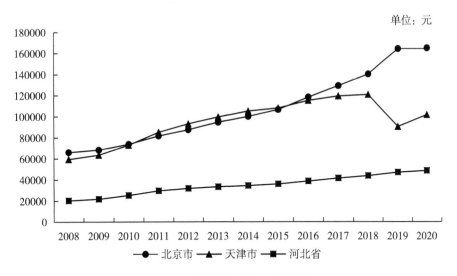

图 5-1　京津冀人均地区生产总值
资料来源：《中国城市统计年鉴》《河北统计年鉴》。

人均地区生产总值方面，从京津冀 2008—2020 年人均地区生产总值发展趋势看，如图 5-1 所示，京冀两区域十几年来均保持正向增长。从增长幅度来看，北京市增幅最大，尤其在 2014 年后增速明显加快，河北省速度相对较缓。天津市人均地区生产总值趋势如图 5-1 所示，在 2008—2016 年间与北京市基本持平，只有 2019 年有波动下降，其余年份从整体上仍呈增长态势，发展良好，2019 年经过调整后又恢复发展状态，到 2020 年京津冀三地人均地区生产总值分别达到 164889 元、101614 元、48564 元。北京市领先于津冀两地，河北省整体经济水平仍与京津两市有较大差距，有较大提升空间。

（二）全社会固定资产投资

从全社会固定资产投资来看，2020 年河北省全社会固定资产投资额为 35663.98 亿元，占京津冀整体水平的大部分份额，是北京市的 4.43 倍、天津市的 2.86 倍，促进了河北省经济发展水平的提升。如

图 5-2 所示，其中唐山市固定资产投资额为 6568.16 亿元，位居河北省第一，占比 12%；其次是石家庄市，占比 10%，而张家口市、秦皇岛市、承德市、衡水市等城市投资量较小，但最低也有一千亿元左右。

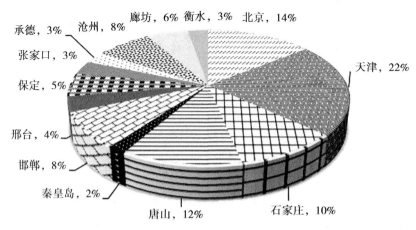

图 5-2　2020 年京津冀地区全社会固定资产投资

资料来源：各城市国民经济和社会发展统计公报。

（三）进出口总额和实际利用外资

2020 年京津冀地区货物进出口总额占全国的 10.9%，北京市进出口总额为 23215.9 亿元，实际利用外资 972.5 亿元，天津市进出口总额 7340.66 亿元，实际利用外资 326.6 亿元，河北省进出口总额 4410.4 亿元，实际利用外资 760.8 亿元。如图 5-3 所示，北京市进出口总额是天津市的 3.2 倍、河北省的 5.3 倍，实际利用外资北京市仍占领先地位，河北省次之，天津市在 2020 年排在第三位，仅为北京市的三分之一左右。

单位：亿元

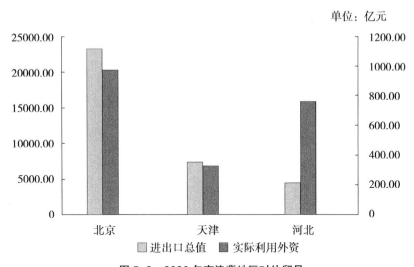

图5-3　2020年京津冀地区对外贸易

资料来源：各城市国民经济和社会发展统计公报。

二、文化发展现状

文化是一种精神力量，对社会发展产生深刻的影响。京津冀地区进一步完善现代文化服务体系，发展文化产业，强化文化服务，推动市文化事业和文化产业的繁荣发展。北京市文化领域资源优势显著，人才、资金等要素丰富。天津市有着独特的"津派"文化底蕴，独具特色的文化艺术，以及许多珍贵的历史遗迹、名人故居和多国风格的建筑。河北省凭借悠久的历史文化内涵和极具特色的文化资源推动着文化产业的大力发展，三地在文化旅游业、文化产品等各方面均取得显著成效。

从2008—2020年京津冀地区人均国内旅游收入趋势来看，2019年是旅游业的分水岭，如图5-4所示，2008年至2019年，京冀两地人均国内旅游收入均持续稳定提升，截至2019年底，京冀地区人均国内旅游收入均达到了新的增长点，分别是26786元、12419元，文化优势得以充分体现。天津市除2009年有小幅下降，其余年份的人均国内旅游收入均稳步上升，并在2018年达到了近13年来的最高值

24627 元。然而新冠疫情暴发，给旅游业带来了较大冲击，同时也给旅游业经营方式及产业结构变化带来更多思考。

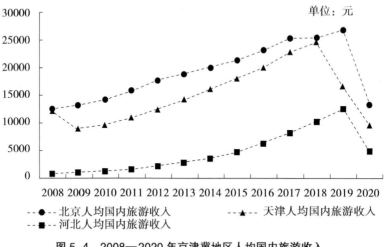

图 5-4　2008—2020 年京津冀地区人均国内旅游收入
资料来源：各城市国民经济和社会发展统计公报。

在电视节目综合人口覆盖率上，从各城市来看，除邯郸市、保定市、张家口市和承德市外，其余城市在 2020 年覆盖率均为 100%，如图 5-5 所示。

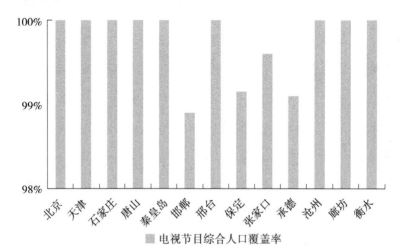

图 5-5　2020 年京津冀各城市电视节目综合人口覆盖率
资料来源：各城市国民经济和社会发展统计公报。

三、科技发展现状

技术进步是技术不断发展、完善和新技术不断替代旧技术的过程。全国范围来看，京津冀地区在科技、信息、人才方面存在较大的吸引力，科技资金投入较大，创新发展成果显著，区域科技合作机制越来越完善。

科技创新方面的指标较多，这里选取较为重要的万人专利申请授权数为代表性指标来分析区域科技创新状况，可以通过该指标变化趋势了解京津冀地区科技创新现状。如图 5-6 所示，2008—2020 年 13 年来京津冀三地每万人中的专利授权数量均持续增加，反映了区域科研专利意识不断增强，科技创新能力不断提高。从近年来看，京津冀地区专利申请的增长速度有所加快，2020 年北京市每万人专利申请授权数 74.5 件，较上年同期提高 24 个百分点。天津市每万人专利申请授权数 54.4 件，较上年同期提高 30 个百分点。河北省每万人专利申

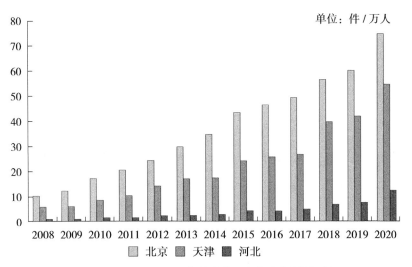

图 5-6 2008—2020 年京津冀万人专利申请授权数
资料来源：各城市国民经济和社会发展统计公报及《中国城市统计年鉴》。

请授权数 12.4 件，同比增加 59 个百分点。不难看出，河北省近些年的专利授权数量增长幅度最大，是科技研究逐渐深入和科技创新人才不断引进的结果。但人均总量与京津地区相比仍有很大差距，北京市在科技发展上占据绝对领先地位，目前河北省的万人专利授权数量只能和北京市 2009 年相持平，河北省还有较大的发展空间。

四、社会发展现状

社会是居民生存的大环境，社会将居民个体联系成一个整体，社会发展包含公共服务、基础设施建设和交通通信等方面，这些都是完善城市服务，保障居民生活的基础。京津冀协同发展提出以来，社会各个层面都有所改善。

（一）公共服务方面

如表 5-1 所示，京津冀每万人拥有执业（助理）医师数呈显著增加趋势，北京市从 2008 年的 33.19 人／万人上升到 2019 年的 52.86 人／万人，天津市从 21.99 人／万人上升到 33.50 人／万人，河北省从 15.58 人／万人上升到 30.70 人／万人，在数量上均大幅度提升，医疗卫生事业发展趋势良好。

表 5-1　京津冀公共服务发展状况

指标 区域 年份	每万人拥有执业（助理）医师数（人／万人）		城镇职工基本养老保险参保人数比例（％）	
	2008	2019	2008	2019
北京	33.19	52.86	43	75
天津	21.99	33.50	32	50
河北	15.58	30.70	9.2	16

资料来源：《中国城市统计年鉴》。

社会保险也是京津冀发展过程中不断完善的重要方面，近年来三地在城镇职工基本养老保险参保人数比例上都有所提高，北京市从 2008 年的 43% 提高到了 2019 年的 75%，天津市从 32% 提高到了 50%，河北省从 9.2% 提高到了 16%，从趋势来看区域社会保障得到了改善，养老水平持续提高。但京津冀内部呈现较明显的不平衡，北京市养老保险参保人数已达到总人口的 3/4，天津市参保人数也达到了一半，但河北省参保比例仅有 16%，与京津地区差距明显。

（二）基础设施方面

京津冀地区城市基础设施建设进一步完善，不断在交通通信、能源供给、公路运输、生活用水等方面加强建设，为居民提供更加方便快捷、科学合理的城市生活。

2020 年京津冀三地人均城市道路面积分别为 7.67 平方米、14.91 平方米、21.06 平方米；北京市人均日生活用水量为 154.19 升，与上年相比下降了 8.5 个百分点，天津市人均日生活用水量为 115.69 升，与上年相比提高了 4 个百分点，河北省人均日生活用水量为 127.3 升，与上年相比提高了 5.5 个百分点，三地人均用水波动幅度都较小，北京市人均生活用水量虽有下降，但一直是最高。京津冀地区城市燃气普及率、供水普及率基本实现全覆盖，如表 5-2 所示。

表 5-2　2020 年京津冀地区各市城市建设指标

城市	人均城市道路面积（平方米）	供水普及率（%）	人均日生活用水量（升）	燃气普及率（%）
北京	7.67	98.39	154.19	100
天津	14.91	100	115.69	100
石家庄	18.83	100	122.22	100

续表

城市	人均城市道路面积（平方米）	供水普及率（%）	人均日生活用水量（升）	燃气普及率（%）
唐山	19.4	100	149.63	100
秦皇岛	18.17	100	136.91	100
邯郸	19.19	100	107.29	99.69
邢台	31.71	100	167.25	99.34
保定	26.93	100	125.45	98.06
张家口	21.22	100	97.54	99.46
承德	22.02	100	135.34	99.95
沧州	21.01	100	169.48	100
廊坊	19.28	100	131.08	100
衡水	18.36	100	117.4	100

资料来源：Wind 数据库。

京津冀区域多层次交通网络发展迅速，不断完善。《京津冀交通一体化发展白皮书（2014—2020 年）》显示，截至 2020 年年底，京津冀区域营运性铁路总里程达 10480 千米，较 2014 年增长 33.6%，京津冀三省市高速公路总里程达 10307 千米，较 2014 年增长 29.2%，有效形成了缓解北京过境交通压力的首都地区环线通道，同时也缩短了区域各城市间的互通时间。[①]

五、资源环境现状

良好的生态环境，对于破解区域难题、提升区域整体竞争力，建

---

① 北京市交通委员会、天津市交通运输委员会、河北省交通运输厅：《京津冀交通一体化发展白皮书（2014—2020 年）》，2021 年 12 月。

设宜居城乡等方面起着重要作用。本节以土地和大气环境为主要分析对象，为京津冀地区资源环境概况带来更深一步的认识。

（一）土地概况

京津冀地区有农业种植用地、园地、林地、灌木林、草地、建设用地等土地类型。其中土地覆盖类型占比如图 5-7 所示，占比最大的是农业种植用地，高达 37.78%，因为河北省农作物种植面积较大，其次是林地，占比 27.29%，草地比重仅有个位数，占比 1.92%。其中北京市土地类型占比最大的是林地，天津市与河北省占比最大的土地类型均为农业种植用地，天津市紧邻渤海，因而水域面积占比也较大。

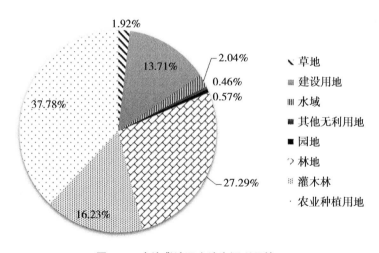

图 5-7　京津冀地区土地资源利用情况
资料来源：https://www.sohu.com/a/396987053_120188404。

粮食作为重要的生活资源，一方面反映了土地资源的利用情况，另一方面代表了农业发展水平。就粮食产量来看，河北省南部地处华北平原，是京津冀地区主要的粮食产区。2008 年至 2020 年就产量水平而言，河北省人均粮食产量最高；就增长趋势而言，展现下降趋势的为北京市的人均粮食产量，整体趋势表现上升的为天津市和河北省的人均粮食产量。据《中国统计年鉴》显示北京市2020年人均粮食产量14公斤，农业占比低，天津市2020年人均粮食产量165公斤，而河北省2020年达到平均每人509公斤，更有力地展现了河北省作为粮食大省的实力。

（二）环境概况

一段时期以来京津冀生态环境协同保护方面取得了显著的成效和进展。就污染物排放情况来看，如图5-8所示，2013—2019年，京津冀地区污染物排放量总体呈下降趋势。2019年京津冀地区二氧化硫排放总量较2013年减少了128.19万吨，氮氧化物排放总量较2013年减少了90.12万吨，烟尘排放总量较2013年减少了93.19万吨。

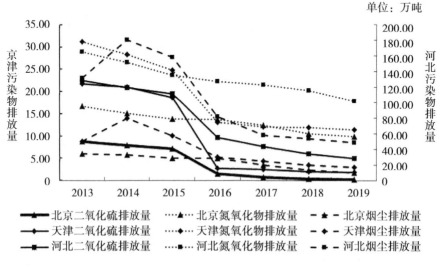

图5-8 京津冀地区废气排放情况

资料来源：《中国环境统计年鉴》。

大气污染对生态环境和人类生活有不可避免的负面影响，水污染和土地污染同样也带来了不小的负面影响。截至 2019 年年底，北京市废水排放总量 116266.12 万吨，天津市 71689.3 万吨，河北省污水排放量 179158 万吨，较前些年有所降低但仍给城市群生态环境带来了不小的压力。面对生态环境的考验，近年来，京津冀地区各城市都作出了积极响应，制定了一系列的应对措施，如用污水处理率和生活垃圾无害化处理率两个指标来阐述京津冀城市群生态治理现状。如图 5-9 所示，截至 2020 年，京津冀地区各个城市污水处理率均达到96% 以上，其中天津市污水处理率最低为 96.42%，沧州市最高，达到 99.92%。京津冀地区生活垃圾无害化处理率均达到了 100%。由此可见，京津冀地区污水处理能力和垃圾处理能力都有很大提高，为推动京津冀地区生态文明建设保驾护航。

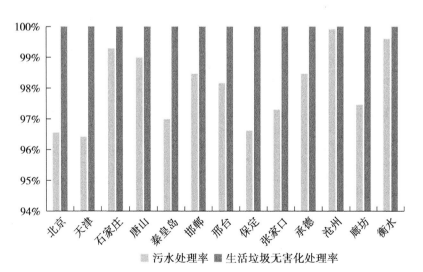

图 5-9　2020 年京津冀地区各城市污水和生活垃圾处理情况

资料来源：Wind 数据库。

生态保护上，京津冀地区不断加强城市绿化工作，城市建成区绿化覆盖面积逐年增加，绿化覆盖率稳定上升。如图 5-10 所示，北京市从 2008 年的 37.15% 上升至 2020 年的 48.96%，共上升 11.81 个百分点。天津市从 31.2% 上升至 2020 年的 37.6%，共上升 6.4 个百分点。河北省从 38.71% 上升至 2020 年的 42.9%，共上升 4.19 个百分点。整体上北京市的建成区绿化覆盖率最高，河北省居中，天津市最低。北京市在 2009 年增幅最大，随后两年有小幅下降后又缓慢提升，天津市、河北省整体呈现波动上升趋势，整体来看，生态保护意识逐年增强，环境治理效果显著，需要在发展工业经济的同时注重完善产业结构，并且在优化环境上作出更大的努力。

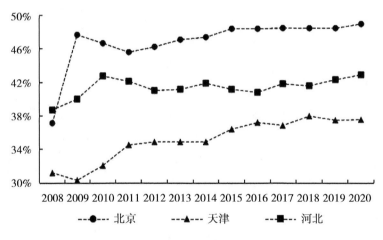

图 5-10　2008—2020 京津冀建成区绿化覆盖率
资料来源：《中国环境统计年鉴》。

第二节　京津冀城市群发展中需进一步完善之处

总体来看，京津冀地区城市群发展形成一定规模，全局发展向好，但是城市群内部存在差异较大的现象。京津冀城市群中，北京市和天津市无论在地理位置、空间结构、城市建设还是经济实力等方面都整体上表现出较明显的优势，是京津冀地区的增长重心和经济中枢。河北省与京津地区存在差距的同时，内部也存在较大的区域差异。京津冀城市群在发展过程中，在经济、资源配置、社会保障及生态等方面需要进一步完善。

一、经济发展水平差异较大

近年来，随着城市化进程的不断推进和经济的快速发展，京津冀经济总量规模进一步扩大，但从城市间、空间以及产业上来看，仍存在区域差异较大的现象。

横向比较三地经济水平，差距仍较为明显。北京市作为京津冀城市群的中心城市在多个方面均具有明显优势，经济发展水平在京津冀城市群中居于领先地位。天津市作为北方重要的出海口，与多个国家、地区建立长期贸易关系，同时滨海新区的开发利用为天津市经济发展提供支撑。2020年北京市生产总值达到36102.6亿元，人均地区生产总值164889元；天津市在2020年地区生产总值达到14083.7亿元，人均地区生产总值101614元，位列京津冀地区第二位；河北省地区生产总值虽高于京津地区，是北京市的1.003倍，是天津市的2.571倍，但人均水平不足，平均只有48564元，仅为北京市的29%，不到天津市的二分之一，经济水平远远落后于京津地区，仍有待提高。

如图5-11所示，从河北省各城市角度来看，人均GDP除唐山市一个城市超过全国平均水平外，其余各市均未达到全国平均水平，成为明显的洼地。尤其是邢台市，人均生产总值仅有30909元，为当年京津冀十三个城市中最低，城市间存在较大的差距，京津冀地区的整体经济水平有待进一步协调，应扩大大城市辐射范围，提升辐射强度。

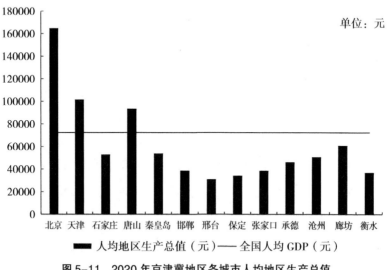

图 5-11　2020 年京津冀地区各城市人均地区生产总值

资料来源：《中国城市统计年鉴》。

　　从空间角度来看，空间分布上呈现出较为明显的地域差异，并且在西北和东南两个方位呈现出明显的低谷状态。位于京津冀地区偏北的张家口市、承德市、秦皇岛市和偏南的衡水市、邢台市经济发展水平较为落后，其中承德市最低仅有 1550.3 亿元。其余城市经济状况良好，尤其是位于中心地带的京津地区发展水平最高，其次是唐山市，在河北省生产总值排名中已连续数年位居全省第一，以优越的地理、环境及资源优势在 2020 年达到了 7210.9 亿元，是地区生产总值的高值。如图 5-12 所示，除河北省自身长期经济发展状况较京津地区相对落后之外，空间上发展的不平衡是其经济发展的又一特征。目前城市群核心城市的辐射带动作用和辐射范围仍需大力提升，河北省产业结构转型升级步伐仍需加快。

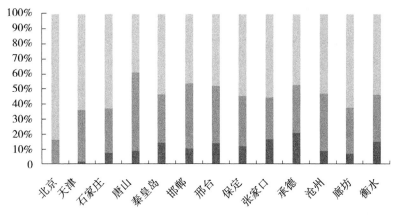

图 5-12　2020 年京津冀地区各城市产业结构

资料来源：各城市国民经济和社会发展统计公报。

京津冀地区各个城市的三次产业结构存在差异，产业分布不均衡。第三产业方面，2020 年北京市发展水平最高，第三产业占 GDP 比重高达 83.8%，大大超过了京津冀地区整体水平，已经形成较为成熟的"三二一"的产业结构。天津市第三产业发展稳中有升，也处于京津冀地区的较高水平。然而比较来看，河北省产业结构仍需大力推进优化升级，2020 年只有两个城市第三产业占比超过 60%；第二产业比重相对较高，第三产业发展较为缓慢，典型城市如唐山市，第二产业比重达一半左右，虽然促进了经济发展，但也对生态环境等造成不小的压力。

除此之外，京津冀三地在产业发展质量上也存在差异，北京市的产业整体呈现知识密集、技术密集等突出特征，第三产业支柱产业主要为金融、信息技术、科研开发等，高新技术产业和现代制造业发展迅速，同时存在部分都市型现代化农业。而河北省第二产业还需优化升级，第三产业需增加产业驱动和增长极，承接京津地区高端产业外溢，还要不断提升各方面发展水平。

二、社会保障方面差别较大

从目前京津冀地区各城市社会保障情况来看，其社会保险参保水平差异很大。如图 5-13 所示，河北省较北京市与天津市城镇职工基本医疗保险、养老保险参保比例都相对较低，占比分别在 10%、20% 左右，失业保险参保比例最低，基本不足 10%。河北省社会保险指标大多数都低于京津地区，社会保障水平与京津地区差距明显，在积极推进京津冀地区社会保障协同发展上要作出更大努力，如要构建更广泛的保障体系、扩大保险参保人数、提高保险参保率等。

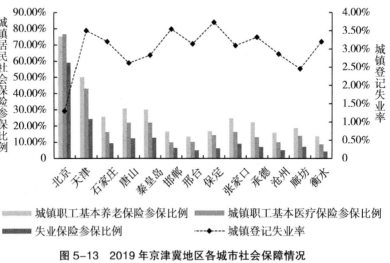

图 5-13　2019 年京津冀地区各城市社会保障情况
资料来源：各城市国民经济和社会发展统计公报及《中国城市统计年鉴》。

2019 年年末北京市三次产业从业人员构成为 3.3：13.6：83.1，天津市为 6.5：30.4：63.1，河北省为 31.83：33.25：34.92。结合三次产业构成来看，河北省就业人员结构与三次产业结构存在不匹配现象，就业人员结构有待优化。京津地区具有明显的人才吸引力，就业人员中含有大量外地人员。就城镇登记失业率来看，2019 年年末，京津冀三地的登记失业率分别为 1.3%、3.5%、3.12%，北京市失业率最低，天津市和河北省整体登记失业率较高，就业形势相对严峻。

三、公共服务发展存在较大差异

近年来京津冀区域整体公共服务水平逐渐上升，但从总体来看，区域内部在教育、医疗等诸多方面还存在着较为明显的差距。

从京津冀三地财政状况来看，2019 年三地人均地方一般公共预算收入差距明显，北京市为 26562 元 / 人，天津市为 17404 元 / 人，而河北省人均地方一般公共预算收入仅 4093 元 / 人，人均地方一般公共预算收入方面北京市、天津市分别是河北省的 6.5 倍、4.3 倍。

截至 2019 年年底，北京市医院数 745 个，天津市医院数 441 个，河北省医院数 2115 个，河北省医院数量总体看规模较大，但省内各城市规模差距仍比较明显。石家庄市作为省会城市有 275 个医院，而秦皇岛市只有 68 个，仅是石家庄市的四分之一。

再从教育方面来看，北京市、天津市的教育资源丰富，高校密集，名校多，相比之下，河北省现阶段公共教育事业与京津地区差距较大，2019 年普通高校北京市 93 所，天津市 56 所，河北省 122 所。河北省内各城市高校数量不均衡现象也十分明显，如石家庄市共有 44 所高等院校，而衡水市只有 2 所，在教育资源方面的协同发展和资源共享仍需尽快提升。在义务教育阶段，如图 5-14 所示，2019 年京津冀地区 13 个城市的普通中学专任教师师生比中，北京市仍遥遥领先，而河北省内各城市教育水平参差不齐，唐山市的普通中学专任教师师生比位于河北省首位，高于天津市略低于北京市，张家口市的普通中学专任教师师生比则最低，甚至不及唐山市的一半。因此，在教育方面，河北省在不断提升的同时，也要注重均衡发展。

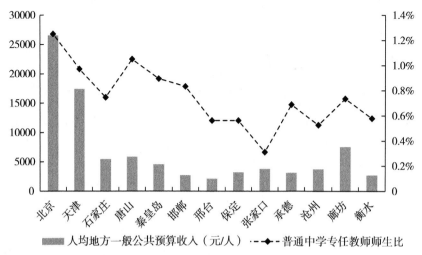

图5-14　2019年京津冀人均地方一般公共预算收入及普通中学专任教师师生比

资料来源：《中国城市统计年鉴》及各市统计年鉴。

四、生态环境建设不能松懈

京津冀地区人口较为密集，生态环境压力比较大。近年来，虽然积极进行转型发展，但空气污染、水环境污染、生态系统脆弱、水资源短缺等影响着京津冀地区生态环境的问题不容忽视。

从水资源角度来看，京津冀地区水资源短缺，虽位于环渤海地区，但可利用水资源总量严重不足，2019年京津冀地区水资源总量只占全国水资源总量的0.50%，天津市虽然近海，但可用水资源量稀少。2019年京津冀三地人均水资源量分别为114.2立方米/人、51.9立方米/人、149.9立方米/人，天津市人均水资源量最少，甚至不足河北省的半数。总之，随着对水资源需求的增加，承载压力逐步增加，需要合理调整水资源供求结构，增加供给能力的同时减少无效需求，提升使用效率。水污染问题也是影响水资源承载能力的重要因素，但高强度大规模的人类活动产生的废水排放量仍比较大，仍需进一步推进生态修复和环境治理。

从大气污染角度来看，京津冀地区环境空气质量呈现稳中向好趋势，但仍需进一步提高，北京市为区域最高，比例达 75.62%，但仍低于全国平均水平（87%）。PM2.5 浓度仍比较高，特别是秋冬季大气环境形势依然十分严峻。大气协同治理需要进一步完善，多主体对大气污染防治工作的参与程度较低，大气污染防治措施精细化等方面需进一步提升。

五、协同发展仍需进一步推进

近些年，京津冀协同发展不断推进，京津冀城市群建设取得了显著的成绩，但在城市建设、公共服务、基础设施等方面的联系和配合仍需进一步加强，进一步完善区域协调机制，分工明确、结构合理的城市群格局仍需大力推进。京津冀城市群协同效率需要提升，城市功能定位仍需进一步清晰，仍需重视和避免产业重叠、重复投资、重复建设等问题，完善基础条件建设和物流体系。

综合京津冀现状及所面临问题，结合区域大致状况，应进一步促进城市群内部交流融合，加强协同，促进京津冀协同发展，推进经济、人口、粮食、公共服务、交通、基础设施、环境、文化、科技等承载子系统的优势互补，推进城市群整体综合承载力的提升。综合承载力的测度将在后面章节中详细展开。

第六章　京津冀城市群综合承载力评价指标体系构建

　　城市综合承载力是一个涉及诸多要素的复杂整体，包含人口、经济、粮食、资源环境、公共服务、交通、基础设施、文化、科技等众多子系统，共同构成城市综合承载力，对城市健康可持续发展起到重要的支撑作用，因此综合承载力的评价涉及众多的评价指标。构建城市群综合承载力评价指标体系是科学测度城市群综合承载力的关键环节，是一个有结构层次的复杂的系统工程。建立科学合理的指标体系，指标范围既要涵盖研究内容，还要符合研究要求，避免指标间过度信息重叠或某类指标占比过大等问题，进而科学划分，有助于全面准确地评价分析城市群综合承载力。

第一节　构建评价指标体系的原则

　　构建城市群综合承载力评价指标体系是京津冀城市群综合承载力可持续发展科学评价和决策支持的基础，筛选指标需要遵循相关原则，指标选取的质量直接影响了评价指标体系的效果。

一、科学性原则

构建城市群承载力测度评价体系需要科学明确，能够准确涵盖指标所反映的承载力的重要方面，且各方面的指标搭配科学合理。在选取城市综合承载力测度指标时，要确保所选取的测度指标具有科学性和权威性，杜绝主观臆断，从客观角度选取城市群综合承载力测度指标。依据城市综合承载力的系统划分，合理地将城市综合承载力分为各承载子系统，科学地选取各承载子系统的指标，客观地分析评价城市综合承载力，为决策提供科学依据。

二、典型性原则

京津冀城市群承载力涵盖内容众多，评价指标多样，评价体系很难包含所有指标，从中选择主要的代表性指标构成指标体系就成为最优解的近似解。因此选取指标的典型性就成为构建指标体系中的重要一环。能够反映某一承载子系统的指标一般来说会有若干可选指标，选取过程中对于能够反映同一承载能力的指标、具有强相关关系的指标，为避免共线性，加强指标体系的逻辑性和简洁性，需要筛选最典型的指标。选取的指标应具有较强的代表性和公认性，彼此相辅相成，尽可能防止重复，在实践中能够典型和客观地体现综合评价指标体系的评价目标。

三、可比性原则

城市群综合承载力测度需要进行空间比较，故在指标选取过程中要充分考虑可比性原则。本书研究城市群承载力过程中，基于空间分析视角进行京津冀城市群综合承载力分析是主要组成部分，为找出各城市承载子系统中的承载优势和承载短板，评价指标需在选取过程中高度重视可比性原则，尽量选择能够实现横向和纵向对比的指标，进而可以有效弥补短板发挥优势。

由于选取的研究区域在人口、区域面积、经济规模、资源环境等许多方面有较大差异，无法将各区域的绝对指标直接进行对比，故在选取指标时尽量减少绝对指标，使用相对指标，便于纵向横向比较分析，提高城市综合承载力评价结果的可信度。

四、逻辑性原则

指标体系的设计必须具有一定的逻辑关系，在反映经济、生态、文化、社会等子系统的特征和状态的同时，还能系统地反映城市群综合承载力各个子系统之间的联系。综合承载系统涵盖经济、生态、文化、社会等诸多方面，因此在选取指标时应遵循系统性原则，各方面的评价指标应尽量独立无干扰，并且相辅相成，共同支撑综合承载的整体性。

根据城市群综合承载能力的系统结构和不同方面的特征考虑层次性，将城市群综合承载力划分为具有一定层次结构的指标体系，从目标层、准则层、指标层三个层面进行分析，进而使指标通过清晰的层次划分加强评价的逻辑性，提升整体性。

五、区域性原则

评价指标体系应在不同区域间具有相同的结构，但在选取具体的测度指标时，要考虑区域自身独特性。由于综合承载力受诸多因素的影响，比如资源禀赋、产业发展等，不同城市的综合承载能力和子系统的承载能力往往存在一定差异，在分析城市群整体提升综合承载力时，考虑区域差异并探索如何加强各区域的关联程度具有重要意义。因此，在设计城市综合承载力指标体系时，除了选取能反映综合承载力的普遍性指标外，还要结合研究区域具体特点，充分考虑区域的独特性，选取承载力评价指标。

六、动态性原则

长期看城市群综合承载力的发展往往具有趋势，在不同阶段往往具有不同的特征，在不同的发展阶段其承载能力的发展状况和发展趋势可能会存在差异。因此，所选指标要既能反映以往城市群的综合发展状况，又能对城市承载力的现状情况作出客观描述和评价，还能对未来的城市发展变化情况进行预测。指标体系构建过程是一个综合考虑时间趋势变化和空间截面数据对比的过程，这也是一个持续深入、完善的过程。

在指标选取时，指标数据应具有易获取性和可统计计算性，要准确评价城市综合承载力，数据必须是真实可靠的，在选取指标时，应尽可能从权威渠道获取。在构建评价指标体系时，指标选取不能偏倚或遗漏某一方面的指标，选择综合承载力各子系统具有代表性的指标，应考虑周全、统筹兼顾。

第二节 城市群综合承载力的系统构成

通过评价城市综合承载力可以全面了解一个区域的综合承载能力，城市综合承载力是城市人口承载力子系统、经济承载力子系统、粮食承载力子系统、公共服务承载力子系统、资源环境承载力子系统、交通承载力子系统、基础设施承载力子系统、文化承载力子系统、科技承载力子系统等的综合体现，可以准确衡量城市健康可持续发展的程度，发现区域的优势与短板，进而有针对性地对区域问题进行分析解决，提高发展效率，提高地区综合承载力水平的同时促进地区高质量发展。

一、人口承载力

人口承载力在承载力研究早期就是研究关注的重点，其反映了承载基础所能支撑的人口数量。随着我国城镇化水平的不断提高，越来越多的人口加速涌入城市，然而一个区域的资源环境承载是有限的。城市人口的快速增加，给资源环境带来了很大的压力，资源的减少与损耗、环境的破坏与污染都会影响到城市人口、资源、环境三者之间的协调关系，从而衍生出一系列问题。人口承载力是衡量城市可持续发展的一个重要指标，科学合理的人口承载力有助于一个城市的高质量发展。

城市人口承载力反映了一种适度的人口规模，它不仅仅考虑资源环境的有限性，还考虑到在一定时间和区域内居民的生活水平。在人口高度密集的城市中，与生活息息相关的公共服务、基础设施建设、交通等因素的过度集聚都会承受较大压力，在一定程度上对城市人口承载力形成制约。

描述一个区域人口承载状况的指标主要有人口自然增长率、人口密度、登记失业率、科技活动人员占比、第三产业就业人员数占比等，这些指标从地区人口规模、人口结构、劳动力供给等方面说明了城市人口承载力的状况。

二、经济承载力

经济承载力是综合承载力中的重要物质基础，描述了在已有的基础设施和社会资源基础上经济系统充分发展所能承受的最大经济规模，是城市综合承载力中不可或缺的子系统。经济承载力表现为社会资源及设施的基础性和发展经济的最大能动性，这意味着区域所能承载的经济规模是有限度的，经济发展的规模并非越大越好，还需要协同其他承载子系统并保持质量的同步提升，经济承载力与综合承载力中各子系统之间既有相互促进又存在相互制约的关系。经济发展规模若超出了区域经济承载力的极限，会导致生态环境破坏、资源损耗等一系列的负面影响，经济将难以持续发展。因此，要想实现城市经济承载力健康可持续发展，就要实现经济与其他各要素之间互相支撑，系统内部有机协调，达到城市平衡严密的高效运转效果。

经济承载力包括经济增长对区域承载力所造成的压力、合理与否的经济结构、区域的经济发展程度以及居民的生活水平。评价城市的经济承载力，所选取的指标主要包括人均 GDP、第三产业占比、对外贸易依存度、人均地方一般公共预算收入、人均固定资产投资额、人均社会消费品零售额、城镇人均可支配收入等。

三、粮食承载力

粮食是人们赖以生存的基础。随着工业化和城镇化的推进、人民生活水平提高以及膳食结构的改变，社会对粮食的需求呈刚性增长。然而由于我国地形复杂多样，耕地资源匮乏以及自然差异的限制，使得各地区粮食生产能力和粮食安全等也面临诸多需要提升的方面。粮食产量的高低和粮食安全与否是国家稳定、社会进步的重要基础。除此之外，一个区域的粮食承载与人口承载、资源和环境承载等也是息息相关，人口承载离不开粮食承载，粮食承载又依赖于环境承载。因此，高度重视粮食承载力，实现粮食承载力稳步提升，促进农业可持续发展，不仅对其他子系统承载力起到改善作用，还对城市综合承载力健康可持续发展带来积极影响。

粮食承载力包括粮食生产能力、粮食生产安全等方面内容。要评价城市的粮食承载力，所选取的指标主要包括有人均粮食作物播种面积、粮食播种面积占农作物播种面积比率、粮食单位面积产量、人均农作物灌溉面积、人均粮食产量等。

四、公共服务承载力

城市综合承载力不仅包含人口、经济、粮食等方面，公共服务承载力也是城市综合承载力中的重要组成部分，其直接影响着居民的需求，是城市综合承载力中生活方面直观的表现形式之一。城市的公共服务是城市的基础性职能，主要包括教育、医疗、文化、社会保障等方面内容，是城市与区域可持续发展的重要支撑。教育质量关系着国家与民族的未来，医疗条件关乎着居民的生命安全与健康，文化水平影响着整体国民素质的提升，社会保障是居民安居乐业的基本条件。

城市所提供的公共服务直接影响着城市居民生活水平与质量，也是人口流动的重要影响因素之一。同时，公共服务水平关系着城市社会经济活动的运行效率，也是综合承载力中的重要支撑。评价城市的公共服务承载力所选取的指标主要有普通中学专任教师师生比、每万人拥有医院数、每万人拥有执业（助理）医师数、城镇职工基本养老保险参保人数、城镇职工基本医疗保险参保人数、失业保险参保人数等。

五、基础设施承载力

基础设施是为居民生活与社会生产提供的物质设施，用于保证一个区域进行正常的社会经济活动，是为人类社会生存发展提供公共服务、生产支撑等各种要素的总和，主要包括住房、供水、供电、市政公用等方面，直接影响着城市功能，也制约着城市各要素间的流动与运转，决定了其他承载力的工作效率。

随着城镇化水平的逐渐提高，经济迅猛发展，城镇人口数量快速增加，城市功能不断升级，对城市基础设施的需求也不断提高。人类活动与经济社会发展都离不开基础设施的支撑，而基础设施的承载能力也是有限度的，对城市基础设施承载力评价，能够了解区域基础设施承载状况，有助于提升承载水平，进而使城市综合承载力各子系统间协调发展。评价城市基础设施承载力的指标主要有人均邮政业务收入、人均电信业务收入、城市生活用水人均供水量、城市居民生活人均用电量、人均供气量、燃气普及率等。

六、交通承载力

交通承载力反映了一定区域对交通服务、交通设施等需求所能承受的规模和质量。随着现代经济社会的飞速发展，使用交通工具成为人们出行必不可少的条件，交通承载的压力也持续增加。

城市交通承载力是城市经济发展的命脉，可以有效衡量规划交通系统的规模和格局能否为城市提供更适宜生产和生活的交通条件和通勤环境，是城市综合承载力中不可或缺的部分。评价交通承载力所选取的指标主要有人均城市道路面积、每万人拥有公共交通车辆、每万人拥有出租汽车数、公路客运量在全国中的占比、公路货运量在全国中的占比等。

七、环境承载力

资源环境承载力反映了人口增长、经济发展等过程中，以及各系统对环境承载施压的过程中环境承载系统所能承受的能力，是为其他承载子系统提供发展的环境基础，其中城市资源包括水资源、土地资源等，是城市居民生活的基本载体。

资源环境承载力不是无限大的，资源可供养的人口数量是有限的，环境所能承受的破坏与污染也是有限度的。认识资源环境的客观规律性，结合实际的生产生活要求，才能使资源环境承载力朝着人类预定的方向发展。随着我国工业化和城市化进程加快，经济、资源、环境之间的矛盾逐渐凸显，有效测度资源环境承载力有助于全面反映区域资源环境禀赋与支撑能力，强化健康、协调、可持续发展。资源环境承载力所选取的指标主要有人均公园绿地面积、建成区绿化覆盖率、生活垃圾处理率、建成区排水管道密度、污水处理率、一般工业固体废物综合利用率等。

八、文化承载力

文化承载力是在一定时期和地域范围内，在维持人与自然协调可持续发展的前提下，生态文化系统所能承受的人类社会活动在规模、强度和速度上的极限值（王娟娟，何佳琛，2012），[①] 主要反映了对文化产业、文化活动、文化产品等的发展程度，是城市综合承载力中的软承载能力，对于综合承载力的提升承担着极为重要的作用。随着我国城镇化的不断发展，大量人口涌入城市，在建设发展城市的同时，也伴随着人口数量过多的情况，文化承载压力也随之增大。

文化承载力作为城市综合承载力的重要方面，评价文化承载力的指标有电视节目综合人口覆盖率，人均国内旅游收入，每百人公共图书馆图书藏量，文化、体育、娱乐产业从业人员比例，剧场、影剧院数在全国中的占比等。

九、科技承载力

对于城市来说，经济与科技的发展是相互促进、相辅相成的，科技是城市发展的核心竞争力，是推动城市经济发展的重要力量，是地区实力的坚强支撑。科技创新是发展城市的核心承载力，对于其他子系统的承载能力提升和承载效率的提高具有重要的支撑。

科技创新承载力是城市综合承载力的重要组成部分，随着城镇化水平的提高及科技创新人才的引进，城市对于科技创新的承载能力也随之提升。衡量科技创新承载力的指标主要有科技支出占地方公共财政预算支出的比重、万人专利申请授权数、互联网宽带接入用户数在全国中的占比、移动电话用户数在全国中的占比、每万人普通高等学

---

① 王娟娟、何佳琛：《藏区牧民定居点的文化承载力分析》，《统计与决策》2012 年第 21 期。

校在校学生数等。

第三节　评价指标体系构建

城市综合承载力由各个承载子系统构成，在每个承载子系统下选取代表性指标，构成评价指标体系。要全面评价城市的综合承载力，必须从经济、人口、环境、基础设施、科技、文化等领域分别选取覆盖范围广、层次分明的指标进行综合评价。为了使评价结果更准确，本书所选评价指标均为量化的相对指标。

由前面章节关于承载力子系统之间的联系分析可知，综合承载力各个子系统之间是相互联系、相互影响和相互制约的。整个承载力系统的可持续发展不仅在于各个子系统内部的完善，各系统间的协调发展，关系的融洽程度更是重要影响因素，而综合承载力的测算正是评价其关系的重要维度。本节通过构建评价指标体系，选取可量化、操作性强的代表性指标，为后文详细测算承载力打好基础。

一、指标体系的层次划分

针对评价指标，不少学者进行了大量丰富的研究，总结来看，其主要分为了两个方面，一方面是相关学者从某方面建立承载力评价指标体系，如在文化要素方面，李少惠、韩慧（2020）从支撑力、受压力和调控力三个维度展开构建，其中支撑力主要包括公共图书馆、文化馆数量、文化艺术从业人员数及公共图书馆藏书拥有量等正向指标。在交通层面上，徐静（2016）将人均城市道路面积，年末实有公共汽车营运车辆数，城市绿化覆盖率，汽车拥有量以及烟粉尘排放量等指标作为衡量江苏省各城市道路交通承载力的主要指标并进行具体分析。从另一方面来看，很多学者对各城市或者地区的综合承载力进行了研究，关于其评价指标体系的研究也越来越丰富，构建的评价指标也越来越全面。如王瑶（2016）在研究上海城市综合承载力时，将评价体系按照水资源承载力、土地承载力、生态承载力、经济承载力和社会承载力五大子系统进行划分。刘惠敏（2011）从需求和供给的角度进行指标的选取，其中环境承载力指数由工业二氧化硫排放量、工业废水排放量、建成区绿化覆盖率以及人均绿地面积四项指标组成。高红丽等人（2010）在分析成渝经济区的综合承载力水平时，在主要评价指标框架的基础上引入了科教方面的影响因素，选取了科教投资、万人拥有专业技术人员数、高等院校数目及每千个中小学生拥有的教师数几个指标的数据来研究科教承载力。还有相关学者引入了人文及公共服务指标，选取城市人口密度、人口自然增长率、一般公共服务支出占地方财政一般预算支出比及社保相关的量化的相对指标等（程广斌、申立敬，2015）。

本书参考以往相关文献在此基础上进行总结和梳理，按照构建的六大原则建立评价体系。由于城市综合承载力所包含的领域众多，指标的选取按层级划分，将城市综合承载力划分为经济承载子系统、人口承载子系统、粮食承载子系统、公共服务承载子系统、交通承载子系统、基础设施承载子系统、环境承载子系统、文化承载子系统、科技承载子系统。在每一个子系统下选取代表性指标，共9个承载子系统、51个指标，从各个方面表征城市综合承载力。

表 6-1　城市综合承载力评价指标体系

子系统	指标	指标属性
经济承载子系统	人均 GDP（元）	正向
	第三产业占比（%）	正向
	对外贸易依存度（%）	正向
	人均地方一般公共预算收入（元/人）	正向
	人均固定资产投资额（元/人）	正向
	人均社会消费品零售额（元/人）	正向
	城镇居民人均可支配收入（元/人）	正向
人口承载子系统	人口密度（人/平方公里）	逆向
	人口自然增长率（‰）	逆向
	登记失业率（%）	逆向
	科技活动人员占比（%）	正向
	第三产业就业人员数所占比重（%）	正向
	城镇单位从业人员期末人数占比（%）	正向
粮食承载子系统	人均粮食作物播种面积（亩/人）	正向
	人均农作物灌溉面积（亩/人）	正向
	人均粮食产量（公斤/人）	正向
	粮食播种面积占农作物播种面积比率（%）	正向
	粮食单位面积产量（公斤/公顷）	正向
公共服务承载子系统	普通中学专任教师师生比（%）	正向
	每万人拥有医院数（个/万人）	正向
	每万人拥有执业（助理）医师数（个/万人）	正向
	城镇职工基本养老保险参保人数比例（%）	正向
	城镇职工基本医疗保险参保人数比例（%）	正向
	失业保险参保人数比例（%）	正向
交通承载子系统	人均城市道路面积（平方米/人）	正向
	每万人拥有公共交通车辆（辆/万人）	正向
	每万人拥有出租汽车数（辆/万人）	正向
	公路客运量在全国中的占比（%）	正向
	公路货运量在全国中的占比（%）	正向

续表

子系统	指标	指标属性
基础设施承载子系统	人均邮政业务收入（元／人）	正向
	人均电信业务收入（元／人）	正向
	城市生活用水人均供水量（万立方米／人）	正向
	城市居民生活人均用电量（万千瓦时／人）	正向
	人均供气量（立方米／人）	正向
	燃气普及率（％）	正向
环境承载子系统	人均公园绿地面积（平方米／人）	正向
	建成区绿化覆盖率（％）	正向
	生活垃圾处理率（％）	正向
	建成区排水管道密度（公里／平方公里）	正向
	污水处理率（％）	正向
	一般工业固体废物综合利用率（％）	正向
文化承载子系统	电视节目综合人口覆盖率（％）	正向
	人均国内旅游收入（元／人）	正向
	每百人公共图书馆图书藏量（册／百人）	正向
	文化、体育、娱乐产业从业人员比例（％）	正向
	每万人剧场、影剧院拥有数（个／万人）	正向
科技承载子系统	科技支出占地方公共财政预算支出的比重（％）	正向
	万人专利申请授权数（件／万人）	正向
	每万人普通高等学校在校学生数（个／万人）	正向
	互联网宽带接入用户数在全国中的占比（％）	正向
	移动电话用户数在全国中的占比（％）	正向

二、评价指标的具体计算与解释

由于相对指标更能提高不同地区数据的可比性，本书尽量根据相对指标公式含义选择相对指标。指标和部分公式来源于相关年度的

《北京统计年鉴》《天津统计年鉴》《河北经济年鉴》《河北统计年鉴》《中国城市统计年鉴》《河北农村统计年鉴》《中国统计年鉴》《中国城市建设统计年鉴》、国家统计局网站、河北各市统计年鉴及各城市国民经济和社会发展统计公报、Wind 数据库等。

（一）经济承载子系统指标

1. 人均 GDP（X_1）：宏观经济的重要指标，反映了城市的经济发展状况和人民生活水平，是城市综合承载力的关键因素。计算公式为：

$$X_1 = \frac{\text{地区生产总值}}{\text{区域内年末总人口}}$$

2. 第三产业占比（X_2）：是第三产业生产总值所占地区生产总值的比重，反映了地区经济发展能力和人民的生活水平。计算公式为：

$$X_2 = \frac{\text{地区第三产业生产总值}}{\text{地区生产总值}} \times 100\%$$

3. 对外贸易依存度（X_3）：是一个地区的进出口总额占该地区国民生产总值或地区生产总值的比重，反映了一个地区对国际市场的依赖程度，是经济承载子系统的重要指标。计算公式为：

$$X_3 = \frac{\text{地区（进口总额 + 出口总额）}}{\text{地区生产总值}} \times 100\%$$

4. 人均地方一般公共预算收入（X_4）：指地方居民人均可拥有的地方一般公共预算收入，在一定程度上反映了地区保障民生的发展状况。计算公式为：

$$X_4 = \frac{\text{地方一般公共预算收入}}{\text{地区常住人口}}$$

5. 人均固定资产投资额（X_5）：指人均拥有的固定资产投资额，在一定程度上反映了一个地区的固定资产投资完成情况和经济发展状况。计算公式为：

$$X_5 = \frac{地区固定资产投资总额}{地区常住人口}$$

6. 人均社会消费品零售额（X_6）：反映了地区社会消费的人均情况，是综合承载力经济方面的重要指标。计算公式为：

$$X_6 = \frac{地区社会消费品零售总额}{地区常住人口}$$

7. 城镇居民人均可支配收入（X_7）：指城镇居民每人可自由支配的收入，反映了地区经济水平与人民生活水平，是综合承载力经济子系统的重要指标。计算公式为：

$$X_7 = \frac{地区全年可支配总收入}{地区常住人口}$$

（二）人口承载子系统指标

1. 人口密度（X_8）：指单位土地面积上的人口数，计算公式为：

$$X_8 = \frac{城区人口 + 城区暂住人口}{城区面积}$$

2. 人口自然增长率（X_9）：指在一定时期内（通常为一年）人口自然增加数（出生人数减死亡人数）与该时期内平均人数（或中期人数）之比，计算公式为：

$$X_9 = \frac{年内出生人数 - 年内死亡人数}{地区年平均人数} \times 100\%$$

3. 登记失业率（X_{10}）：指在报告期末城镇登记失业人数占期末城镇从业人员总数与期末实有城镇登记失业人数之和的比重，反映了一个地区的就业状况。计算公式为：

$$X_{10} = \frac{登记失业人员期末实有人数}{期末从业人员总数 + 登记失业人员期末实有人数} \times 100\%$$

4. 科技活动人员占比（X_{11}）：指科技活动人员数所占地区从业人数的比重，反映了地区的科技人才水平。计算公式为：

$$X_{11} = \frac{科技活动人数}{城镇单位从业人员期末人数} \times 100\%$$

5. 第三产业就业人员数所占比重（X_{12}）：指第三产业就业人员数占地区从业人员总数的比重，是综合承载力中人口方面的重要指标。计算公式为：

$$X_{12} = \frac{地区第三产业就业人员数}{地区从业人员总数} \times 100\%$$

6. 城镇单位从业人员期末人数占比（X_{13}）：指地区城镇单位从业人员期末人数占地区总人数的比重，是人口子系统的重要指标。计算公式为：

$$X_{13} = \frac{地区城镇单位从业人员期末人数}{地区常住人口} \times 100\%$$

（三）粮食承载子系统指标

1. 人均粮食作物播种面积（X_{14}）：指平均每人拥有的粮食作物播种面积，是综合承载力粮食子系统的重要指标。计算公式为：

$$X_{14} = \frac{地区粮食作物播种面积}{地区常住人口}$$

2. 人均农作物灌溉面积（X_{15}）：指平均每人拥有的农作物灌溉面积，是综合承载力粮食子系统的重要指标。计算公式为：

$$X_{15} = \frac{地区农作物灌溉面积}{地区常住人口}$$

3. 人均粮食产量（X_{16}）：指每人平均拥有的粮食产量，反映了地区粮食产量情况。计算公式为：

$$X_{16} = \frac{地区粮食总产量}{该地区年内平均总人口}$$

4. 粮食播种面积占农作物播种面积比率（X_{17}）：指在所有农作物播种面积中粮食播种所占的比重，反映了地区农作物总播种面积中的粮食播种情况。计算公式为：

$$X_{17} = \frac{粮食播种面积}{农作物播种面积} \times 100\%$$

5. 粮食单位面积产量（X_{18}）：指每单位粮食播种面积所产生的粮食产量，反映了地区的粮食生产情况。计算公式为：

$$X_{18} = \frac{粮食总产量}{粮食播种面积}$$

（四）公共服务承载子系统指标

1. 普通中学专任教师师生比（X_{19}）：指地区普通中学专任教师数与普通中学在校学生数的比值，是综合承载力公共服务子系统的重要指标。计算公式为：

$$X_{19} = \frac{地区普通中学专任教师数}{地区普通中学在校学生数}$$

2. 每万人拥有医院数（X_{20}）：指地区每万人拥有的医院数量，反映了地区医疗卫生发展水平。计算公式为：

$$X_{20} = \frac{地区医院总数}{地区常住人口（万人）}$$

3. 每万人拥有执业（助理）医师数（X_{21}）：指地区每万人拥有的执业（助理）医师数量，反映了地区医疗卫生发展水平。计算公式为：

$$X_{21} = \frac{地区执业医师数 + 执业助理医师数}{地区年末常住人口（万人）}$$

4. 城镇职工基本养老保险参保人数比例（X_{22}）：指地区城镇职工基本养老保险参保人数占地区常住人口数的比重，反映了地区城镇职工基本养老保险参保水平。计算公式为：

$$X_{22} = \frac{地区城镇职工基本养老保险参保人数}{地区常住人口} \times 100\%$$

5. 城镇职工基本医疗保险参保人数比例（X_{23}）：指地区城镇职工基本医疗保险参保人数占地区总人数的比重，反映了地区城镇职工基本医疗保险参保水平。计算公式为：

$$X_{23} = \frac{\text{地区城镇职工基本医疗保险参保人数}}{\text{地区常住人口}} \times 100\%$$

6. 失业保险参保人数比例（X_{24}）：指地区失业保险参保人数占地区总人数的比重，反映了地区失业保障水平。计算公式为：

$$X_{24} = \frac{\text{地区失业保险参保人数}}{\text{地区常住人口}} \times 100\%$$

（五）交通承载子系统指标

1. 人均城市道路面积（X_{25}）：指报告期末城区内平均每人拥有的道路面积。计算公式为：

$$X_{25} = \frac{\text{城区道路面积}}{\text{城区人口} + \text{城区暂住人口}}$$

2. 每万人拥有公共交通车辆（X_{26}）：指地区每万人平均拥有的公共交通车辆数。计算公式为：

$$X_{26} = \frac{\text{年末实有公共汽（电）车营运车辆数}}{\text{年末人口}}$$

3. 每万人拥有出租汽车数（X_{27}）：指地区每万人拥有的出租汽车数，反映了地区交通发展水平，是综合承载力交通子系统的重要指标。计算公式为：

$$X_{27} = \frac{\text{地区出租汽车数}}{\text{地区常住人口}}$$

4. 公路客运量在全国中的占比（X_{28}）：指地区公路客运量在全国中的比重，反映了地区公路客运情况。计算公式为：

$$X_{28} = \frac{\text{地区公路客运量}}{\text{全国客运量}} \times 100\%$$

5. 公路货运量在全国中的占比（X_{29}）：指地区公路货运量在全国中的比重，反映了地区公路货运情况。计算公式为：

$$X_{29} = \frac{\text{地区公路货运量}}{\text{全国货运量}} \times 100\%$$

（六）基础设施承载子系统指标

1. 人均邮政业务收入（X_{30}）：指地区人均邮政业务收入，反映了地区邮政业发展水平。计算公式为：

$$X_{30} = \frac{\text{地区邮政业务收入}}{\text{地区常住人口}}$$

2. 人均电信业务收入（X_{31}）：指地区人均电信业务收入，反映了地区电信业发展水平。计算公式为：

$$X_{31} = \frac{\text{地区电信业务收入}}{\text{地区常住人口}}$$

3. 城市生活用水人均供水量（X_{32}）：指地区人均生活用水供水量，反映了地区生活供水情况。计算公式为：

$$X_{32} = \frac{\text{地区生活用水供水量}}{\text{地区常住人口}}$$

4. 城市居民生活人均用电量（X_{33}）：指地区居民人均生活用电量，反映了地区居民生活用电情况。计算公式为：

$$X_{33} = \frac{\text{地区生活用电量}}{\text{地区常住人口}}$$

5. 人均供气量（X_{34}）：指地区居民人均供气总量，反映了城市煤气企业向城市生产用户、家庭用户和其他用户供应的人均煤气量，包括外购及损失量。计算公式为：

$$X_{34} = \frac{\text{地区供气总量（人工、天然气）}}{\text{地区常住人口}}$$

6. 燃气普及率（X_{35}）：指报告期末城区内使用燃气的人口与总人口的比率。计算公式为：

$$X_{35} = \frac{\text{城区用气人口（含暂住人口）}}{\text{城区人口} + \text{城区暂住人口}} \times 100\%$$

（七）环境承载子系统指标

1. 人均公园绿地面积（X_{36}）：指报告期末城区内平均每人拥有的

公园绿地面积。计算公式为：

$$X_{36} = \frac{城区公园绿地面积}{城市人口+城区暂住人口}$$

2. 建成区绿化覆盖率（X_{37}）：指报告期末建成区内绿化覆盖面积与建成区面积的比率。计算公式为：

$$X_{37} = \frac{建成区绿化覆盖面积}{建成区面积} \times 100\%$$

3. 生活垃圾处理率（X_{38}）：指报告期内生活垃圾处理量与生活垃圾产生量的比率。计算公式为：

$$X_{38} = \frac{生活垃圾处理量}{生活垃圾产生量} \times 100\%$$

4. 建成区排水管道密度（X_{39}）：指报告期末建成区排水管道分布的疏密程度。计算公式为：

$$X_{39} = \frac{建成区排水管道长度}{建成区面积}$$

5. 污水处理率（X_{40}）：指报告期内污水处理总量与污水排放总量的比率。计算公式为：

$$X_{40} = \frac{地区污水处理量}{地区污水排放量} \times 100\%$$

6. 一般工业固体废物综合利用率（X_{41}）：指一般工业固体废物综合利用量占一般固体废物产生量与综合利用往年贮存量之和的百分率。计算公式为：

$$X_{41} = \frac{一般工业固体废物综合利用量}{一般工业固体废物产生量+综合利用往年贮存量} \times 100\%$$

（八）文化承载子系统指标

1. 电视节目综合人口覆盖率（X_{42}）：指在对象区内能接收到由中央、省、地市或县通过无线、有线或卫星等各种技术方式转播的各级电视节目的人口数占对象区总人口数的百分比。计算公式为：

$$X_{42} = \frac{能接收到各级电视节目的人口数}{地区总人口} \times 100\%$$

2. 人均国内旅游收入（X_{43}）：反映了地区旅游业发展水平，是综合承载力文化子系统的重要指标。计算公式为：

$$X_{43} = \frac{地区国内旅游收入}{地区常住人口}$$

3. 每百人公共图书馆图书藏量（X_{44}）：反映了地区每百人拥有的公共图书馆图书藏量，是综合承载力文化子系统的重要指标。计算公式为：

$$X_{44} = \frac{公共图书馆图书总藏量}{地区常住人口（百人）}$$

4. 文化、体育、娱乐产业从业人员比例（X_{45}）：反映了地区文化、体育、娱乐产业发展情况，是综合承载力文化子系统的重要指标。计算公式为：

$$X_{45} = \frac{地区文化、体育、娱乐产业从业人员数}{地区城镇单位从业人员期末人数} \times 100\%$$

5. 每万人拥有的剧场、影剧院数（X_{46}）：反映了地区剧场、影剧院的发展情况。计算公式为：

$$X_{46} = \frac{地区剧场、影剧院数}{地区常住人口（万人）}$$

（九）科技承载子系统指标

1. 科技支出占地方公共财政预算支出的比重（X_{47}）：指地方一般公共预算支出中科学技术支出占地方一般公共预算支出的比重，在一定程度上反映了地区科学技术的发展情况。计算公式为：

$$X_{47} = \frac{地方一般公共预算支出中科学技术支出}{地方一般公共预算支出} \times 100\%$$

2.万人专利申请授权数（X_{48}）：指地区每万人中的专利申请授权数，反映地区科技创新发展情况。计算公式为：

$$X_{48} = \frac{\text{地区专利申请授权数}}{\text{地区常住人口（万人）}}$$

3.每万人普通高等学校在校学生数（X_{49}）：指地区每万人中的普通高等学校在校学生数。计算公式为：

$$X_{49} = \frac{\text{地区普通高等学校在校学生数}}{\text{地区常住人口（万人）}}$$

4.互联网宽带接入用户数在全国中的占比（X_{50}）：反映了地区电信企业登记注册的互联网用户数占全国互联网宽带接入用户数的比重。计算公式为：

$$X_{50} = \frac{\text{地区互联网宽带接入用户数}}{\text{全国互联网宽带接入用户数}} \times 100\%$$

5.移动电话用户数在全国中的占比（X_{51}）：反映了地区移动电话用户数占全国移动电话用户数的比重。计算公式为：

$$X_{51} = \frac{\text{地区移动电话用户数}}{\text{全国移动电话用户数}} \times 100\%$$

三、指标数据来源

本书原始数据来源于相关年度《中国城市统计年鉴》《北京统计年鉴》《天津统计年鉴》《河北经济年鉴》《河北统计年鉴》《河北农村统计年鉴》《中国统计年鉴》《中国城市建设统计年鉴》河北各市统计年鉴以及各城市国民经济和社会发展统计公报、Wind 数据库、国家统计局网站、河北统计局网站、百度地图网站、中国铁路 12306 网站等，部分缺失数据进行插补处理。

本书实证选取 2008—2019 年为研究期限。为准确评价和识别承载力之间的关系，本书选取了较长期限的数据进行分析，但由于新冠疫情的出现，本书中一些指标受到这一外部性冲击的影响产生波动，如人均国内旅游收入等指标相比以前出现较大波动，研究期间的长期发展趋势受到影响，进而影响实证研究结果。为使模型不受这一外部冲击的影响，本书实证数据选取截至 2019 年年末。

而且，对于可以直接从《中国城市统计年鉴》搜集到的一般工业固体废物综合利用率和第三产业就业人员数所占比重这两个指标，2021 年《中国城市统计年鉴》中没有找到，虽然可以从城市统计公报或地级市统计年鉴中直接找到或通过计算得到一些城市的这两个指标的数据，但半数以上城市数据仍然没有找到，存在数据缺失的问题；对于无法直接从《中国城市统计年鉴》搜集到的数据，例如人均邮政业务收入、人均电信业务收入及第三产业就业人员数所占比重这些能通过计算得到的指标，可以从城市统计公报或地级市统计年鉴搜集到一些城市的用于计算的原始数据，但部分城市数据没有找到，存在数据缺失问题，无法满足研究要求。囿于数据的可得性和完整性，因此本书实证数据选取截至 2019 年年末。

第七章　京津冀城市群综合承载力评价与分析

城市综合承载力是测度区域高质量发展的综合指标体系，综合反映了城市经济、政治、文化、资源环境、科技创新、公共服务、基础设施等各方面的承载能力，也是区域竞争力的重要体现。京津冀协同发展聚力推进的同时，仍有问题亟须解决：如何进一步推进城市综合承载力测度的科学合理性？城市综合承载力的大小与规划目标是否切合？哪些因素影响了城市综合承载力的大小？如何能够提高城市综合承载力？推动京津冀协同发展必须对京津冀发展现状有一定的了解，因此对京津冀的研究具有重要的理论和现实意义。

第一节　数据预处理

在对城市综合承载力分析之前，需要对原始数据进行一系列处理，使数据满足模型的要求。本书数据预处理按以下操作步骤完成：

一、缺失值处理

在实际搜集数据过程中一些相关指标数据无法收集到，采用替换为同类指标的方法，但对于难以替换的关键指标，为了保证整个研究结果能够科学有效进行，需要对缺失的数据选择合适的方法进行填补。本书将各市不同指标分年份从前向后排列，对于序列内部指标个别数据缺失的情况取前后两年数据的均值进行填充，对于序列两端数据缺失的情况采用缺失点处的线性趋势进行填充个别指标，个别指标采用年均增长率的方法对数据进行填补。

二、相对指标计算

由于本书尽量采用相对指标，所以对于从年鉴或者统计公报中查到的绝对数据，根据相对指标计算公式的含义经过必要的计算获得。

三、负向指标处理

本书涉及三个负向指标，对这些负向指标进行了取倒数的处理，使这三个指标对最终结果具有正向化影响。

四、标准化处理

由于指标存在量纲上的差异，很难直接进行计算或者比较，所以需要进行无量纲化处理。本书通过归一化的方法进行数据标准化处理。

第二节　评价指标权重的确定

完成数据预处理过程后，将处理完成的数据按照熵值法的步骤进行计算，得到京津冀13个城市各个指标的权重，具体结果如表7-1所示。

表 7-1　京津冀 13 市城市承载力指标权重

指标　　　　　城市	北京	天津	石家庄	唐山	秦皇岛	邯郸	邢台
人均 GDP	0.0329	0.0226	0.0144	0.0109	0.0110	0.0070	0.0071
第三产业占比	0.0004	0.0071	0.0071	0.0029	0.0005	0.0051	0.0080
对外贸易依存度	0.0342	0.0195	0.0091	0.0112	0.0116	0.0206	0.0081
人均地方一般公共预算收入	0.0405	0.0568	0.0474	0.0263	0.0163	0.0270	0.0288
人均固定资产投资额	0.0117	0.0376	0.0337	0.0431	0.0190	0.0373	0.0244
人均社会消费品零售额	0.0246	0.0313	0.0290	0.0384	0.0289	0.0352	0.0263
城镇居民人均可支配收入	0.0406	0.0312	0.0201	0.0261	0.0208	0.0159	0.0146
人口密度	0.0019	0.0048	0.0020	0.0002	0.0001	0.0005	0.0002
人口自然增长率	0.0171	0.0356	0.0046	0.0176	0.0147	0.0031	0.0067
登记失业率	0.0033	0.0001	0.0008	0.0128	0.0024	0.0005	0.0006
科技活动人员占比	0.0098	0.0129	0.0269	0.0127	0.1596	0.0405	0.0188
第三产业就业人员数所占比重	0.0006	0.0076	0.0009	0.0029	0.0004	0.0016	0.0014
城镇单位从业人员期末人数占比	0.0008	0.0033	0.0011	0.0030	0.0019	0.0031	0.0017
人均粮食作物播种面积	0.0861	0.0009	0.0003	0.0004	0.0016	0.0006	0.0005
人均农作物灌溉面积	0.0369	0.0083	0.0002	0.0010	0.0012	0.0008	0.0003
人均粮食产量	0.1097	0.0018	0.0004	0.0007	0.0014	0.0008	0.0002
粮食播种面积占播种总面积比率	0.0052	0.0024	0.0008	0.0007	0.0001	0.0008	0.0006
粮食单位面积产量	0.0014	0.0034	0.0017	0.0004	0.0002	0.0012	0.0002
普通中学专任教师师生比	0.0109	0.0017	0.0012	0.0012	0.0015	0.0012	0.0004
每万人拥有医院数	0.0020	0.0118	0.0104	0.0241	0.0330	0.0094	0.0216
每万人拥有执业（助理）医师数	0.0106	0.0112	0.0107	0.0059	0.0059	0.0181	0.0121
城镇职工基本养老保险参保人数比例	0.0122	0.0117	0.0183	0.0233	0.0179	0.0245	0.0316

指标　　　　城市	北京	天津	石家庄	唐山	秦皇岛	邯郸	邢台
城镇职工基本医疗保险参保人数比例	0.0079	0.0025	0.0348	0.0133	0.0150	0.0457	0.0495
失业保险参保人数比例	0.0102	0.0038	0.0001	0.0006	0.0006	0.0006	0.0003
人均城市道路面积	0.0068	0.0083	0.0037	0.0029	0.0018	0.0027	0.0058
每万人拥有公共交通车辆	0.0009	0.0144	0.0058	0.0079	0.0056	0.0118	0.0161
每万人拥有出租汽车数	0.0014	0.0020	0.0064	0.0120	0.0023	0.0052	0.0061
公路客运量在全国中的占比	0.0094	0.0463	0.0189	0.0639	0.0349	0.0303	0.0217
公路货运量在全国中的占比	0.0163	0.0118	0.0206	0.0025	0.0044	0.0178	0.0085
人均邮政业务收入	0.1159	0.1842	0.1892	0.1236	0.1100	0.1020	0.1758
人均电信业务收入	0.0036	0.0039	0.0038	0.0032	0.0031	0.0059	0.0047
城市生活用水人均供水量	0.0028	0.0274	0.0035	0.0153	0.0182	0.0047	0.0034
城市居民生活人均用电量	0.0070	0.0028	0.0222	0.0642	0.0093	0.0641	0.0632
人均供气量	0.0502	0.0868	0.1278	0.0124	0.1087	0.0537	0.0184
燃气普及率	0.0000	0.0000	0.0000	0.0000	0.0126	0.0000	0.0000
人均公园绿地面积	0.0157	0.0097	0.0054	0.0029	0.0048	0.0068	0.0148
建成区绿化覆盖率	0.0019	0.0024	0.0005	0.0008	0.0016	0.0004	0.0011
生活垃圾处理率	0.0000	0.0004	0.0014	0.0000	0.0000	0.0000	0.0000
建成区排水管道密度	0.0200	0.0051	0.0030	0.0025	0.0298	0.0018	0.0033
污水处理率	0.0027	0.0025	0.0013	0.0002	0.0002	0.0013	0.0009
一般工业固体废物综合利用率	0.0051	0.0000	0.0059	0.0007	0.0114	0.0064	0.0047
电视节目综合人口覆盖率	0.0000	0.0000	0.0000	0.0000	0.0002	0.0000	0.0000
人均国内旅游收入	0.0254	0.0470	0.1524	0.1800	0.1012	0.1968	0.1054
每百人公共图书馆图书藏量	0.0121	0.0103	0.0092	0.0265	0.0098	0.0082	0.0141
文化、体育、娱乐产业从业人员比例	0.0006	0.0078	0.0008	0.0022	0.0029	0.0066	0.0078
每万人剧场、影剧院拥有数	0.0060	0.0097	0.0077	0.0424	0.0489	0.0174	0.0649

续表

指标＼城市	北京	天津	石家庄	唐山	秦皇岛	邯郸	邢台
科技支出占地方公共财政预算支出的比重	0.0037	0.0022	0.0070	0.0126	0.0243	0.0164	0.0048
万人专利申请授权数	0.1071	0.1660	0.1051	0.1227	0.0535	0.0906	0.1364
每万人普通高等学校在校学生数	0.0014	0.0001	0.0052	0.0040	0.0138	0.0039	0.0009
互联网宽带接入用户数在全国中的占比	0.0694	0.0164	0.0019	0.0042	0.0038	0.0018	0.0016
移动电话用户数在全国中的占比	0.0030	0.0026	0.0153	0.0107	0.0173	0.0419	0.0512

指标＼城市	保定	张家口	承德	沧州	廊坊	衡水
人均GDP	0.0154	0.0090	0.0099	0.0104	0.0143	0.0153
第三产业占比	0.0038	0.0027	0.0058	0.0042	0.0100	0.0087
对外贸易依存度	0.0160	0.0404	0.0352	0.0153	0.0134	0.0079
人均地方一般公共预算收入	0.0376	0.0270	0.0211	0.0396	0.0458	0.0579
人均固定资产投资额	0.0219	0.0213	0.0313	0.0395	0.0266	0.0436
人均社会消费品零售额	0.0229	0.0269	0.0351	0.0287	0.0222	0.0286
城镇居民人均可支配收入	0.0131	0.0171	0.0205	0.0202	0.0189	0.0167
人口密度	0.0015	0.0001	0.0001	0.0002	0.0010	0.0000
人口自然增长率	0.0036	0.0117	0.013	0.0027	0.0093	0.0055
登记失业率	0.0002	0.0023	0.0020	0.0027	0.0018	0.0006
科技活动人员占比	0.0209	0.0744	0.0060	0.0411	0.0195	0.0123
第三产业就业人员数所占比重	0.0032	0.0015	0.0006	0.0012	0.0017	0.0014
城镇单位从业人员期末人数占比	0.0037	0.0008	0.0008	0.0010	0.0038	0.0032
人均粮食作物播种面积	0.0021	0.0005	0.0005	0.0001	0.0019	0.0015
人均农作物灌溉面积	0.0008	0.0004	0.0001	0.0015	0.0045	0.0000

续表

指标　　　　城市	保定	张家口	承德	沧州	廊坊	衡水
人均粮食产量	0.0016	0.0050	0.0031	0.0007	0.0043	0.0002
粮食播种面积占播种总面积比率	0.0003	0.0002	0.0001	0.0011	0.0009	0.0011
粮食单位面积产量	0.0002	0.0048	0.0031	0.0005	0.0012	0.0002
普通中学专任教师师生比	0.0002	0.0073	0.0003	0.0023	0.0006	0.0016
每万人拥有医院数	0.0023	0.0089	0.0293	0.0159	0.0131	0.0123
每万人拥有执业（助理）医师数	0.0187	0.0078	0.0076	0.0106	0.0077	0.0102
城镇职工基本养老保险参保人数比例	0.0338	0.0381	0.0360	0.0382	0.0393	0.0299
城镇职工基本医疗保险参保人数比例	0.0244	0.0278	0.0215	0.0335	0.0339	0.0394
失业保险参保人数比例	0.0025	0.0002	0.0008	0.0001	0.0008	0.0001
人均城市道路面积	0.0049	0.0016	0.0090	0.0012	0.0006	0.0016
每万人拥有公共交通车辆	0.0374	0.0291	0.0040	0.0395	0.0279	0.0282
每万人拥有出租汽车数	0.0104	0.0032	0.0173	0.0521	0.0796	0.0113
公路客运量在全国中的占比	0.0094	0.0160	0.0509	0.0014	0.0157	0.0091
公路货运量在全国中的占比	0.0173	0.0219	0.0178	0.0089	0.0119	0.0041
人均邮政业务收入	0.1405	0.0635	0.0570	0.1567	0.1473	0.1414
人均电信业务收入	0.0056	0.0029	0.0042	0.0027	0.0027	0.0041
城市生活用水人均供水量	0.0139	0.0020	0.0027	0.0086	0.0011	0.0106
城市居民生活人均用电量	0.0957	0.0505	0.0489	0.0801	0.0929	0.0032
人均供气量	0.0991	0.0193	0.0294	0.0333	0.0570	0.1493
燃气普及率	0.0004	0.0004	0.0001	0.0000	0.0000	0.0005
人均公园绿地面积	0.0033	0.0036	0.0014	0.0102	0.0004	0.0047
建成区绿化覆盖率	0.0005	0.0007	0.0005	0.0003	0.0001	0.0030
生活垃圾处理率	0.0000	0.0031	0.0015	0.0009	0.0031	0.0199
建成区排水管道密度	0.0030	0.0017	0.0179	0.0006	0.0077	0.0011

指标 ＼ 城市	保定	张家口	承德	沧州	廊坊	衡水
污水处理率	0.0002	0.0008	0.0037	0.0020	0.0006	0.0029
一般工业固体废物综合利用率	0.0075	0.0174	0.0639	0.0083	0.0056	0.0056
电视节目综合人口覆盖率	0.0000	0.0000	0.0001	0.0000	0.0000	0.0000
人均国内旅游收入	0.1105	0.1491	0.1626	0.1026	0.0942	0.1357
每百人公共图书馆图书藏量	0.0073	0.0036	0.0043	0.0323	0.0141	0.0195
文化、体育、娱乐产业从业人员比例	0.0145	0.0028	0.0007	0.0053	0.0037	0.0013
每万人剧场、影剧院拥有数	0.0450	0.0812	0.0709	0.0236	0.0465	0.0310
科技支出占地方公共财政预算支出的比重	0.0066	0.0578	0.0056	0.0163	0.0066	0.0456
万人专利申请授权数	0.0738	0.0864	0.1052	0.0875	0.0767	0.0584
每万人普通高等学校在校学生数	0.0055	0.0228	0.0042	0.0106	0.0048	0.0068
互联网宽带接入用户数在全国中的占比	0.0007	0.0009	0.0011	0.0025	0.0013	0.0009
移动电话用户数在全国的占比	0.0370	0.0215	0.0310	0.0012	0.0016	0.0021

第三节　综合承载力评价结果分析

将标准化处理后各个指标数据乘以熵值法确定的权重，分别得出研究区域各市各个指标的得分，将不同子系统内指标的得分进行相加，得出各个子系统的得分情况，将所有子系统的得分进行加总，计算出各市不同年份的综合承载力得分。研究区域各市综合承载力得分如表7-2所示。

表 7-2 京津冀各城市综合承载力得分

城市	2008	2009	2010	2011	2012	2013	2014	2015	2016	2017	2018	2019
北京	0.0808	0.0785	0.0796	0.0807	0.0804	0.0790	0.0785	0.0823	0.0872	0.0879	0.0902	0.0947
天津	0.0499	0.0547	0.0575	0.0585	0.0665	0.0755	0.0780	0.0902	0.1001	0.1100	0.1269	0.1324
石家庄	0.0349	0.0357	0.0426	0.0502	0.0597	0.0677	0.0755	0.0962	0.1006	0.1200	0.1439	0.1730
唐山	0.0419	0.0491	0.0557	0.0583	0.0660	0.0839	0.0800	0.0834	0.0983	0.1077	0.1274	0.1483
秦皇岛	0.0782	0.0764	0.0630	0.0841	0.0610	0.0712	0.0734	0.0757	0.0869	0.1001	0.1085	0.1215
邯郸	0.0455	0.0436	0.0553	0.0588	0.0679	0.0724	0.0735	0.0859	0.0944	0.1149	0.1354	0.1524
邢台	0.0360	0.0431	0.0535	0.0580	0.0685	0.0707	0.0640	0.0785	0.0994	0.1150	0.1448	0.1687
保定	0.0338	0.0390	0.0482	0.0481	0.0575	0.0702	0.0656	0.0809	0.0954	0.1183	0.1604	0.1827
张家口	0.0538	0.0576	0.0652	0.0709	0.0658	0.0641	0.0685	0.0769	0.0945	0.1135	0.1298	0.1394
承德	0.0545	0.0544	0.0569	0.0650	0.0620	0.0766	0.0813	0.0861	0.0964	0.1077	0.1248	0.1343
沧州	0.0448	0.0460	0.0549	0.0601	0.0631	0.0732	0.0765	0.0862	0.0933	0.0997	0.1384	0.1637
廊坊	0.0398	0.0466	0.0586	0.0624	0.0574	0.0767	0.0818	0.0812	0.1041	0.1127	0.1329	0.1458
衡水	0.0336	0.0354	0.0463	0.0533	0.0610	0.0731	0.0678	0.0813	0.1042	0.1230	0.1506	0.1703

一、北京市综合承载力评价

如图 7-1 所示，北京市综合承载力得分较高，而且在 12 年间呈现小幅增长趋势，由 2008 年的 0.0808，增长到了 2019 年的 0.0947；其中 2009 年因受经济子系统得分下降的影响，城市综合承载力出现了略微的下降，由 2008 年的 0.0808，下降到了 0.0785，2009—2014年处于小幅波动中。2014 年之后，呈现快速上涨，2016 年北京市综合承载力得分上涨最多，由 2015 年的 0.0823 上涨到了 2016 年的0.0872，上涨了 0.0049。综合来说，北京市综合承载力得分还是趋向平稳上升的状态。北京市综合承载力得分的不断上涨，体现了北京市综合治理能力和治理水平的提升；北京市综合承载力得分的变化是各个子系统合力作用的结果。

如表 7-3 所示，从各个子系统的情况来看，北京市经济子系统得分除 2009 年因为对外贸易依存度指标出现明显下降，从而导致2009 年经济子系统得分略有下降外，其他年份则是逐年升高，从2008 年的 0.0117 得分水平上升到了 2019 年的 0.0203，上升趋势平

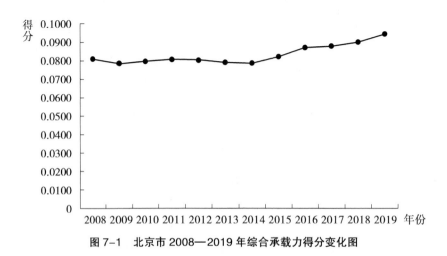

图 7-1　北京市 2008—2019 年综合承载力得分变化图

稳而且持续，北京市在 12 年间保持经济平稳增长的同时进行了产业结构的转型升级，实现了经济的平稳衔接和新旧动能的更新换代。与经济子系统相比，人口子系统得分显然不是那么平稳，以 2016 年为分界点，2008—2016 年是在 0.0024—0.0030 的得分范围内小幅变化的，在 2008 年、2010 年、2013 年和 2015 年这四年达到峰值，得分分别为 0.0029、0.0029、0.0029 和 0.0030，与此对应的 2012 年、2014 年则是落至谷底，得分均为 0.0024，随着 2016 年全面实施二孩政策，北京市人口子系统得分开始了稳步的上涨，由 2016 年的 0.0025 上涨到了 2019 年的 0.0033，预计接下来北京市在人口子系统方面的得分会出现稳中有升的趋势。在粮食子系统中，北京市近 12 年得分下降趋势比较明显，2008 年最高时达到了 0.0333，而在 2019 年则下降到较低值 0.0086，下降趋势明显，此外由于粮食子系统在北京市综合承载力中占比最大，因此压力也是显而易见的。在公共服务子系统方面，同经济子系统类似，北京市得分逐年保持小幅度的上升，从 2008 年的 0.0034 逐步提升，2019 年达到了 0.0054，发展势头良好，公共服务同群众切身利益直接相连，北京市公共服务水平的变化充分体现了城市功能的稳定升级。在交通方面，北京市得分则与粮食子系统类似，呈现减少趋势，2008 年得分为 0.0035，此后逐年下降，到了 2017 年跌至 0.0024，随后的两年得分则有明显回升向好趋势，2019 年得分为 0.0028。在基础设施方面，北京市历年得分都比较高，在综合承载力得分中的占比较大，得分上涨趋势也较为显著，最低时（2008 年）有 0.0078 的得分，此后经过连年上涨，到 2019 年已经达到了 0.0261，总的来说，北京市在基础设施方面的投入是很明显的，所取得的成绩也是显著的。北京市的环境子系统得分，也可以分为两个时期：第一个时期为 2008—2016 年，环境子系统的得分由 2008 年的 0.0028 上涨到了 2016 年的 0.0046；此后，北京市环境子系统的得分有所下降，2017—2019 年环境子系统得分在新的水平上趋于平稳，得分稳定为 0.0036。北京市在文化方面的得分占比不高，但发展较好，得分自 2008 年以来一直处于平稳上升的状态，作为文化名城，北京市有着雄厚的文化优势。在科技方面，北京市得分趋势呈不断上升的态势，北京市拥有众多高校和科研机构，科技水平的不断提升也反映出城市整体科技承载力不断向前发展。

表 7-3　北京市各子系统承载力得分表

子系统\年份	经济	人口	粮食	公共服务	交通	基础设施	环境	文化	科技
2008	0.0117	0.0029	0.0333	0.0034	0.0035	0.0078	0.0028	0.0026	0.0128
2009	0.0111	0.0027	0.0313	0.0035	0.0033	0.0079	0.0032	0.0027	0.0128
2010	0.0124	0.0029	0.0287	0.0037	0.0031	0.0085	0.0033	0.0029	0.0141
2011	0.0139	0.0025	0.0281	0.0040	0.0030	0.0093	0.0035	0.0032	0.0132
2012	0.0144	0.0024	0.0247	0.0043	0.0031	0.0103	0.0039	0.0034	0.0139
2013	0.0151	0.0029	0.0201	0.0045	0.0029	0.0112	0.0043	0.0037	0.0144
2014	0.0157	0.0024	0.0160	0.0046	0.0030	0.0132	0.0044	0.0038	0.0156
2015	0.0161	0.0030	0.0150	0.0048	0.0026	0.0163	0.0045	0.0039	0.0161
2016	0.0169	0.0025	0.0131	0.0050	0.0026	0.0221	0.0046	0.0042	0.0162
2017	0.0182	0.0027	0.0109	0.0052	0.0024	0.0234	0.0036	0.0045	0.0169
2018	0.0191	0.0033	0.0096	0.0052	0.0025	0.0236	0.0036	0.0046	0.0188
2019	0.0203	0.0033	0.0086	0.0054	0.0028	0.0261	0.0036	0.0048	0.0198

二、天津市综合承载力评价

如图 7-2 所示，天津市综合承载力得分在 2008—2019 年保持了快速上升的趋势。综合承载力得分由 2008 年的 0.0499 增长到了 2019 年的 0.1324，增长了 1.6533 倍，体现了天津市综合治理能力和治理水平的提升；天津市综合承载力得分的变化是各个子系统合力作用的结果。

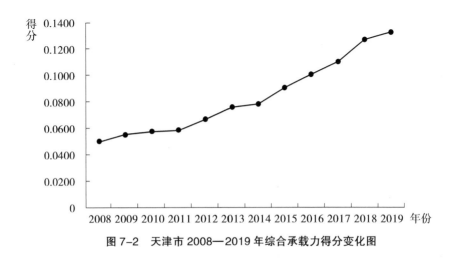

图 7-2　天津市 2008—2019 年综合承载力得分变化图

如表 7-4 所示，从各个子系统来分析，在经济子系统方面除去 2017 年略有下降外，12 年来基本保持良好的增长态势，天津市拥有天然的优良港口，也吸引了很多优质的外资企业，经济增长动力强劲。由于经济子系统在综合承载力的比重较高，因此在天津市综合承载力得分的上升趋势中，经济子系统的贡献也是很大的；人口子系统波动较大，由 2008 年的 0.0056，降到了 2009 年的 0.0046，此后便进入了四年的平稳期，2013 年和 2014 年得分又有了少量的上涨，2014 年后的五年，天津市的人口子系统保持了上升的趋势，2018 年达到最高值 0.0074。这也是使天津市总体得分显著提升的重要原因之一。天津市粮食子系统得分较低，而且粮食子系统的得分呈现了较为平稳态势，2008—2019 年天津市粮食子系统得分在 0.0013 和 0.0016 之间变动，2008 年最高时得分有 0.0016，2013—2016 年最低时得分仅有 0.0013，下降明显，2019 年回升到 0.0015。天津市在公共服务子系统得分较低，但呈现上升趋势，得分从 2008 年的 0.0031 上涨到 2019 年的 0.0045。天津市环境子系统得分同样较低，呈现先上升后下降的趋势，于 2012 年、2013 年和 2017 年分别达到最高分 0.0018、0.0018 和 0.0020；2017 年后便进入了下降阶段，2019 年已经下降到 0.0016，不过波动范围不大，都在 0.0015—0.0020 之间。在交通方面，天津市受到公路客运量在全国占比变动的影响，在 2008 年和 2013 年分别达到最低值 0.0041 和最高值 0.0096，其余年份较为稳定，且呈现小幅度上升趋势。天津市基础设施的得分最高，12 年来得分变化显著上升，2011 年受人均邮政业务收入、城市居民人均用电量、人均供气量的影响，当年基础设施得分略有下降，下降到了 0.0129，但仍高于 2008 年的 0.0116，其他年份天津市基础设施子系统得分均为增长，尤其是 2014 后更是高速增长，到了 2019 年天津市基础设施系统得分已经达到了 0.0508。在文化子系统中，天津市得分展示出了一个先降后升再降的趋势，2008 年得分为 0.0054，2010 年降为了 0.0047，2010 年以来一直保持着上升态势，到了 2018 年已经涨到了 0.0087，2019 年因为人均国内旅游的影响出现了下降，降到了 0.0067。天津市在科技方面的得分占比较高，得分上涨趋势明显，这也为天津市综合得分的上涨起到了一定的作用，天津市科技子系统的得分最低时为 2008 年的 0.0064，最高时达到了 2019 年的 0.0310。天津市在保持和提升现有科技创新水平的同时，可进一步增强公共服务、交通、环境等方面的建设，进一步完善城市功能、打造高水平城市。

表 7-4 天津市各子系统承载力得分表

子系统 年份	经济	人口	粮食	公共服务	交通	基础设施	环境	文化	科技
2008	0.0106	0.0056	0.0016	0.0031	0.0041	0.0116	0.0015	0.0054	0.0064
2009	0.0113	0.0046	0.0015	0.0031	0.0064	0.0151	0.0015	0.0048	0.0064
2010	0.0130	0.0046	0.0015	0.0031	0.0060	0.0152	0.0015	0.0047	0.0079
2011	0.0148	0.0047	0.0014	0.0032	0.0058	0.0129	0.0017	0.0048	0.0091
2012	0.0164	0.0046	0.0014	0.0032	0.0060	0.0162	0.0018	0.0052	0.0116
2013	0.0177	0.0051	0.0013	0.0033	0.0096	0.0174	0.0018	0.0058	0.0134
2014	0.0192	0.0053	0.0013	0.0036	0.0072	0.0198	0.0017	0.0062	0.0138
2015	0.0203	0.0045	0.0013	0.0035	0.0075	0.0261	0.0017	0.0068	0.0185
2016	0.0203	0.0059	0.0013	0.0037	0.0075	0.0329	0.0017	0.0073	0.0194
2017	0.0199	0.0052	0.0014	0.0039	0.0075	0.0416	0.0020	0.0082	0.0203
2018	0.0208	0.0074	0.0014	0.0044	0.0075	0.0455	0.0016	0.0087	0.0295
2019	0.0216	0.0068	0.0015	0.0045	0.0078	0.0508	0.0016	0.0067	0.0310

三、石家庄市综合承载力评价

石家庄市 2008—2019 年综合承载力得分呈不断上升的态势，发展态势良好（见图 7-3）。2008 年石家庄市的综合承载力得分为 0.0349，到了 2019 年综合承载力得分已经上涨到了 0.1730。综合来看，石家

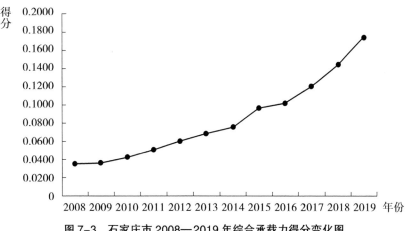

图 7-3 石家庄市 2008—2019 年综合承载力得分变化图

庄市综合承载力得分在前几年保持相对平稳，后三年取得了显著的提高，石家庄市的综合承载力得分体现了石家庄市综合建设水平的提高。

如表 7-5 所示，经济子系统承载力得分在石家庄市总体得分中占有较大的比重，12 年间石家庄市经济子系统承载力得分实现了持续稳定的增长，2008 年石家庄市在经济方面得分为 0.0068，2019 年这一得分已经达到了 0.0207 的水平，石家庄市在保持经济整体平稳运行的同时，布局生物制药、装备制造、电子信息等产业，为经济发展注入新鲜血液。在人口子系统得分方面，石家庄市表现得并不平稳，这主要是由科技活动人员占比的不稳定造成的，在 2015 年取得最高得分为 0.0041，最低得分为 2016 年的 0.0015，其余年份波动较小。粮食子系统得分较低，得分一直在 0.0003。石家庄市的公共服务子系统得分不平稳，2008—2012 年得分大幅上升，从最低时（2008 年）的 0.0040，达到了 2012 年的 0.0081，此后则进入了大幅的波动，2013 年受城镇职工基本医疗保险参保人数比例大幅度下降的影响，得分下降到了 0.0059，2015 年后结束了这种大幅度的波动，进入了小幅向好的增长趋势。在交通和环境方面，石家庄市历年得分虽然能保持较为平稳的趋势，但是总体处于偏低的水平，公共交通建设有待完善，石家庄市的科技子系统发展得分呈现逐年升高的趋势。石家庄市在基础设施方面得分占比很大，前七年中得分虽然略有波动但较为平稳，2017—2019 年基础设施进入高位发展，得分也迅速上升，2019 年取得了 0.0746 的得分，上升态势良好。在文化子系统中，石家庄市得分持续稳步提升，2008 年的得分仅有 0.0036，2019 年上升到了 0.0355，上升了近 9 倍，石家庄市发挥自身区位优势，吸引京津地区的游客，旅游收入逐渐提高，从而带动了整个文化子系统得分水平的提升。石家庄市虽然保持着良好的发展态势，但在公共服务、交通、环境，特别是粮食方面，仍需要进一步提升。

表7-5　石家庄市各子系统承载力得分表

年份＼子系统	经济	人口	粮食	公共服务	交通	基础设施	环境	文化	科技
2008	0.0068	0.0024	0.0003	0.0040	0.0034	0.0083	0.0013	0.0036	0.0048
2009	0.0075	0.0028	0.0003	0.0042	0.0039	0.0066	0.0014	0.0041	0.0049
2010	0.0091	0.0024	0.0003	0.0058	0.0043	0.0083	0.0015	0.0050	0.0060
2011	0.0104	0.0027	0.0003	0.0074	0.0045	0.0109	0.0015	0.0065	0.0059
2012	0.0118	0.0030	0.0003	0.0081	0.0044	0.0145	0.0013	0.0081	0.0083
2013	0.0130	0.0033	0.0003	0.0059	0.0061	0.0191	0.0016	0.0096	0.0089
2014	0.0142	0.0034	0.0003	0.0084	0.0046	0.0216	0.0015	0.0118	0.0098
2015	0.0153	0.0041	0.0003	0.0061	0.0049	0.0366	0.0015	0.0152	0.0121
2016	0.0163	0.0015	0.0003	0.0064	0.0048	0.0370	0.0015	0.0186	0.0143
2017	0.0174	0.0033	0.0003	0.0058	0.0048	0.0491	0.0015	0.0233	0.0144
2018	0.0185	0.0036	0.0003	0.0063	0.0049	0.0599	0.0015	0.0287	0.0202
2019	0.0207	0.0036	0.0003	0.0071	0.0049	0.0746	0.0015	0.0355	0.0249

四、唐山市综合承载力评价

如图7-4所示，唐山市综合承载力得分从整体来看呈现出上涨态势，2008年到2012年五年间保持小幅度上涨，由2008年的0.0419上涨到了2012年的0.0660，2013年受交通和文化子系统发展迅速的影响得分上升较大，得分为0.0839，2014年稍稍回落到了0.0800，此后便进入了两年的平稳期，2016年后则是进入了综合承载力得分的大幅度提升时期，2019年得分达到了0.1483的最高分。总之，唐山市综合承载力是向好发展的，这是唐山市各个子系统合力作用的结果。

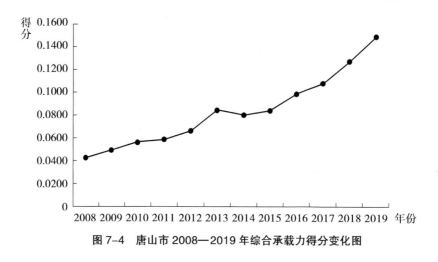

图7-4　唐山市2008—2019年综合承载力得分变化图

如表7-6所示，在经济子系统中，各年都保持了一定幅度的提升，唐山市经济较依赖钢铁等传统产业，曾经带动了当地经济的发展，近年来受节能减排和去产能等政策的影响，经济发展面临着下行风险，但是这几年唐山市经济子系统表现依旧强劲，由2008年的得分为0.0073，增长到了2019年的0.0192。唐山市在人口子系统得分较为稳定，除受人口出生率的较大影响从而得分较低的2014年和得分较高2019年分别得分为0.0032和0.0050外，其余年份均在0.0037—0.0045，但是历年得分均处在较低的水平。粮食子系统得分同其他城市类似，唐山市得分较低，得分维持在0.0003。在公共服务得分方面，唐山市承载力得分处于波动中，在前四年保持了平稳的上升态势，由2008年的0.0044上涨到了2011年的0.0063，2012年因为指标每万人拥有医院数的下降而导致了得分下降至0.0053，此后连续两年上升，至2014年上升到12年来最高值0.0068，此后又出现下降，2017年为2010年以来得分最低的年份，得分仅为0.0051，但是仍高于期初的得分，2018年以后两年上升态势明显。唐山市在交通方面得分

呈现阶段性，大致可以分为两个阶段：2008—2013 年和 2013—2019
年，前一个阶段的五年基本稳定在 0.0080 上下的得分，随后五年保持
在了 0.0060 上下的得分；2013 年因为公路客运量在全国中的占比很
高，得分提升最为明显，达到了 0.0146。唐山市在基础设施方面历年
得分都处在较高的水平，在自身基础设施建设方面一直保持着很大的
投入力度。唐山市由于产业结构的原因，环境子系统得分较低，一直
在 0.0006 徘徊，唐山市未来在环境保护等方面需要采取更有效的措
施。在科技和文化两个子系统得分上，唐山市保持着稳定提升的态势，
每年得分都有明显提高，12 年增长倍数都在 8 倍以上。这也是唐山市
整体综合承载力在 2014 年以后能保持上升趋势的重要原因。

表 7-6　唐山市各子系统承载力得分表

子系统 年份	经济	人口	粮食	公共服务	交通	基础设施	环境	文化	科技
2008	0.0073	0.0037	0.0003	0.0044	0.0078	0.0090	0.0005	0.0058	0.0032
2009	0.0081	0.0040	0.0003	0.0045	0.0079	0.0094	0.0006	0.0081	0.0063
2010	0.0095	0.0040	0.0003	0.0056	0.0082	0.0098	0.0006	0.0102	0.0076
2011	0.0104	0.0040	0.0003	0.0063	0.0086	0.0097	0.0006	0.0100	0.0084
2012	0.0117	0.0045	0.0003	0.0053	0.0083	0.0131	0.0006	0.0120	0.0103
2013	0.0130	0.0043	0.0003	0.0063	0.0146	0.0146	0.0006	0.0181	0.0122
2014	0.0143	0.0032	0.0003	0.0068	0.0057	0.0166	0.0006	0.0199	0.0126
2015	0.0151	0.0040	0.0003	0.0064	0.0054	0.0168	0.0006	0.0205	0.0144
2016	0.0159	0.0040	0.0003	0.0065	0.0053	0.0237	0.0006	0.0274	0.0148
2017	0.0168	0.0041	0.0003	0.0051	0.0056	0.0275	0.0006	0.0321	0.0155
2018	0.0178	0.0042	0.0003	0.0055	0.0058	0.0329	0.0006	0.0389	0.0213
2019	0.0192	0.0050	0.0003	0.0058	0.0060	0.0357	0.0006	0.0482	0.0276

五、秦皇岛市综合承载力评价

如图 7-5 所示，秦皇岛市综合承载力得分以 2012 年为界，前四年得分受人口子系统中科技活动人员占比这一指标波动较大的影响，导致了综合承载力波动较大，2012 年后秦皇岛市综合承载力得分稳定上涨，由 2012 年的 0.0610 上涨到 2019 年的 0.1215，总体来说秦皇岛市综合承载力趋势向好发展。

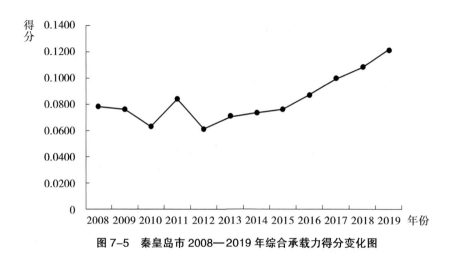

图 7-5　秦皇岛市 2008—2019 年综合承载力得分变化图

如表 7-7 所示，秦皇岛市在经济子系统方面得分保持着较为平稳的上升态势，2008 年经济系统得分仅为 0.0058，到 2019 年经济子系统得分已经达到了 0.0123 的水平。秦皇岛市在人口方面的得分变动十分明显，2008 年，人口子系统得分最高为 0.0351，2010—2012 年受科技活动人员占比这一指标的影响，人口子系统得分大幅变动，在 2014 年降到 0.0054，此后，其他年份得分则呈现小幅上升状态。在粮食子系统方面，秦皇岛市历年得分较为稳定，权重最少，得分也少，2008—2016 年粮食子系统得分 0.0004，2017—2019 年得分为 0.0003。

同粮食子系统相比，秦皇岛市在公共服务子系统中得分保持相对的不稳定状态，2008—2010 年经过连续三年上升，由 2008 年的 0.0061 上升到了 2010 年的 0.0069，2011—2013 年，由于城镇职工基本医疗保险参保人数比例降低了，导致公共服务得分的降低，此后 2014 年由于城镇职工基本医疗保险参保人数比例的上升，公共服务的得分达到最高 0.0076，此后，2015 年秦皇岛市的公共服务得分又回落到了 0.0071，2017 年又回落到了 0.0054，2019 年又稍稍回升到了 0.0056。在交通子系统中，秦皇岛市在 2008 年由于公路客运量在全国中的占比较高，推动 2008 年秦皇岛市交通子系统得分达到最高 0.0078，其余年份得分保持在 0.0027—0.0047 的较低水平内变化，但是 2016 年以后，秦皇岛市承载力得分上升趋势明显。在基础设施方面，秦皇岛市保持良好的发展态势，而且秦皇岛市基础设施子系统在综合承载力中权重最大，即对秦皇岛市的综合承载力得分的影响最大，除 2017 年得分较高，其余年份均保持着平稳有序的增长，2008 年，基础设施得分仅为 0.0077，2019 年基础设施得分已经升高到 0.0489 的水平。秦皇岛市 2008—2016 年这九年在环境方面得分维持在较高的水平，得分在 0.0041 和 0.0046 之间波动，2016 年后环境子系统得分出现大幅度的下降。秦皇岛市历年在文化子系统得分中保持着很高的水平，而且上升趋势明显，2008 年文化子系统得分仅为 0.0034，2019 年文化子系统得分达到最高值 0.0276。在科技方面，秦皇岛市大体是先上升后下降的趋势，2008 年得分为 0.0075，2009 年得分下降到 0.0050，此后几年间科技承载力得分保持着平稳增长的态势，2016 年科技子系统达到峰值 0.0139，2017 年和 2018 年再次出现了小幅度下滑，2019 年则有小幅上升。

表7-7　秦皇岛市各子系统承载力得分表

年份＼子系统	经济	人口	粮食	公共服务	交通	基础设施	环境	文化	科技
2008	0.0058	0.0351	0.0004	0.0061	0.0078	0.0077	0.0044	0.0034	0.0075
2009	0.0058	0.0351	0.0004	0.0063	0.0030	0.0081	0.0044	0.0083	0.0050
2010	0.0070	0.0186	0.0004	0.0069	0.0032	0.0107	0.0046	0.0058	0.0057
2011	0.0074	0.0320	0.0004	0.0063	0.0031	0.0136	0.0046	0.0106	0.0062
2012	0.0084	0.0085	0.0004	0.0050	0.0027	0.0147	0.0043	0.0092	0.0078
2013	0.0089	0.0113	0.0004	0.0049	0.0042	0.0164	0.0045	0.0120	0.0086
2014	0.0094	0.0054	0.0004	0.0076	0.0043	0.0197	0.0045	0.0135	0.0087
2015	0.0100	0.0057	0.0004	0.0071	0.0043	0.0206	0.0041	0.0120	0.0114
2016	0.0104	0.0068	0.0004	0.0071	0.0038	0.0230	0.0043	0.0172	0.0139
2017	0.0111	0.0065	0.0003	0.0054	0.0038	0.0374	0.0028	0.0196	0.0130
2018	0.0116	0.0073	0.0003	0.0055	0.0042	0.0409	0.0027	0.0237	0.0122
2019	0.0123	0.0069	0.0003	0.0056	0.0047	0.0489	0.0026	0.0276	0.0126

　　秦皇岛市发展较早，是我国首批沿海开放城市，历史底蕴深厚，港口优良，具有优越的发展条件，需进一步突出文化、旅游、科技等方面的优势，加强产业定位，培育更多强有力的主导产业，需要形成一批高质量的新兴产业和特色产业，充分发挥自身优势，吸引高端人才完善自身建设。

六、邯郸市综合承载力评价

　　如图7-6所示，邯郸市2008—2019年12年间综合承载力得分呈不断上升的态势，虽然2009年较上一年得分略有下降，但总体的承载力得分是上升态势。邯郸市在2008年承载力得分只有0.0455，2009年略有下降，得分为0.0436，经过十年的长期发展，到2019年已经达到了0.1524的最高值，特别是2016年后，邯郸市综合承载力得分增长更为迅速，这是邯郸市各个子系统综合作用的结果。

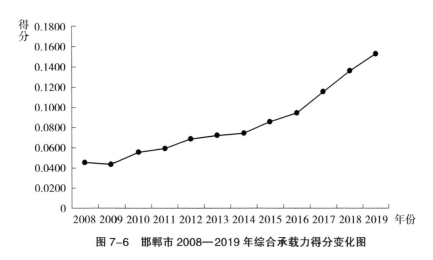

图 7-6　邯郸市 2008—2019 年综合承载力得分变化图

如表 7-8 所示，邯郸市经济子系统得分处于不断上升的趋势，2008 年得分为 0.0078，2019 年达到了最高值 0.0175，在人口子系统得分方面，邯郸市 12 年间除个别年份维持在较为中等的水平，2008—2010 年邯郸市人口子系统受益于科技从业人员的增长，承载力得分连年上涨，于 2010 年取得最高分 0.0073，2011 年由于科技人员所占比例下降，仅取得得分 0.0027。2012 年因为科技活动人员的比例上升，人口子系统的得分也上涨到了 0.0049，此后其他各年得分则是处于不断下降中，到 2019 年降到了 0.0025，综合来看，邯郸市人口子系统受科技活动人员所占比例变动影响较大。在粮食子系统中，邯郸市粮食子系统得分较低，权重最小，邯郸市在 2008 年到 2019 年 12 年间粮食子系统的得分一直在 0.0003—0.0004 的范围内变动。2008 年和 2009 年邯郸市公共服务子系统得分较低，仅为 0.0042 和 0.0044，2009—2015 年邯郸市公共服务子系统得分受城镇医疗保险变动等方面指标影响，呈现"M"形，但是仍然维持在较高的水平，2015 年邯郸市公共服务系统得分回落到 0.0080，但是之后四年保持了一个平稳的上升状态，截至 2019 年，邯郸市公共服务得分已达到 0.0100。在交通方面，邯郸市承载力得分维持在中低等水平，2013 年受益于公路客运量在全国中的占比的增加，邯郸市承载力交通子系统得分达到最大值为 0.0087，其余年份承载力得分在 0.0044—0.0060 的范围内变化，整体趋势较为平稳。邯郸市历年在基础设施方面虽然变动幅度较大，但是成绩较为优异，12 年间基础设施得分基本总体上保持着上升态势，2008 年得分最低时仅有 0.0084，2019 年得分已经达到了 0.0416，进步明显，但是仍有个别年份出现了下降，2014 年得分下降为 0.0128。在环境方面，邯郸市环境子系统总体偏低，虽然呈现“M”形发展趋势，但是变动不大，得分范围在 0.0012—0.0015。邯郸市作为历史名城，拥有丰厚的历史文化底蕴，在文化子系统得分中也保持着优秀的上升态势，2008 年文化得分为 0.0049，2019 年文化得分已经达到了 0.0510，进步幅度明显。在科技子系统中，邯郸市也保持了较高的得分水平，而且上升势头明显，除 2009 年、2014 年和 2016 年外，其余年份得分均在高位增长中。邯郸市在基础设施、文化、科技等方面的提升使得综合承载力得分呈现出稳步提升态势，邯郸市取得稳步提升的同时，也需要不断优化产业结构和提升环境质量，需要加大对人才的吸引力度，为自身发展积累更多的人才优势。

表 7-8　邯郸市各子系统承载力得分表

年份\子系统	经济	人口	粮食	公共服务	交通	基础设施	环境	文化	科技
2008	0.0078	0.0044	0.0003	0.0042	0.0048	0.0084	0.0012	0.0049	0.0094
2009	0.0083	0.0050	0.0003	0.0044	0.0044	0.0096	0.0012	0.0052	0.0050
2010	0.0094	0.0073	0.0003	0.0072	0.0052	0.0108	0.0015	0.0072	0.0063

续表

子系统 年份	经济	人口	粮食	公共服务	交通	基础设施	环境	文化	科技
2011	0.0105	0.0027	0.0004	0.0100	0.0052	0.0135	0.0014	0.0083	0.0069
2012	0.0115	0.0049	0.0004	0.0104	0.0054	0.0142	0.0013	0.0091	0.0109
2013	0.0118	0.0048	0.0004	0.0079	0.0087	0.0144	0.0015	0.0107	0.0122
2014	0.0127	0.0047	0.0004	0.0107	0.0057	0.0128	0.0015	0.0131	0.0120
2015	0.0132	0.0041	0.0003	0.0080	0.0060	0.0169	0.0015	0.0183	0.0177
2016	0.0139	0.0036	0.0003	0.0081	0.0057	0.0228	0.0014	0.0247	0.0138
2017	0.0154	0.0026	0.0004	0.0090	0.0056	0.0300	0.0015	0.0343	0.0161
2018	0.0162	0.0026	0.0004	0.0097	0.0058	0.0354	0.0013	0.0422	0.0218
2019	0.0175	0.0025	0.0004	0.0100	0.0056	0.0416	0.0013	0.0510	0.0226

七、邢台市综合承载力评价

如图 7-7 所示，邢台市综合承载力整体来看呈现不错的上升态势，得分走势以 2014 年为分隔点，除了 2014 年得分有小幅下降外其余年份均延续上升态势。其中 2014 年以前上升幅度较小，2014 年后的上升幅度较大。邢台市在 2008 年综合承载力得分仅有 0.0360，经过 12 年的发展，2019 年已经达到了 0.1687。

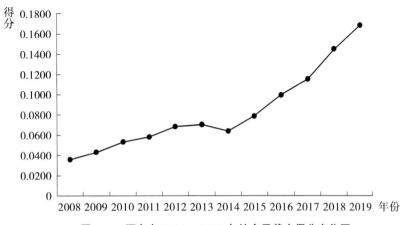

图 7-7　邢台市 2008—2019 年综合承载力得分变化图

　　如表 7-9 所示，邢台市 12 年间经济子系统得分不断上升，2008 年得分为 0.0054，2019 年已经升高到 0.0148，得益于邢台市钢铁，煤炭等传统支柱性产业的发展。在人口承载力得分方面，邢台市得分较低，12 年间人口子系统得分除 2009 年因为科技活动人员占比的提高达到了 0.0038，其他年份均不超过 0.0030，人口承载力得分有待提高。邢台市在粮食子系统得分上较低，权重也较低，2008—2019 年均低于 0.0003。在公共服务方面，邢台市公共服务子系统的得分以 2012 年为分界点可分为两个阶段，2008—2012 年为快速提高阶段，2012 年达到峰值 0.0135；2013 年受城镇职工基本医疗保险参保人数比例下降的原因，出现下跌，得分为 0.0080，2014 年后又在 2013 年快速降低的基础上稳步提高，导致波动的原因主要是城镇职工基本医疗保险参保人数比例的变动。邢台市在交通承载力得分方面表现得不太理想，12 年间最高值为 2013 年的 0.0063，最低值为 2017 年和 2018 年的 0.0040，得分水平维持在中低位。在基础设施承载力方面，邢台市历年得分态势良好，2008—2013 年缓慢提升，虽然经历了 2014 年和 2015 年两年的下降，2016 年开启了迅猛的上升势头，由 2015 年的 0.0099 最终提升到了 2019 年的 0.0681，可以说进步是十分明显的。12 年间邢台市在环境子系统中得分除 2019 年外都在 0.0015—0.0024 内小幅变化，在 2015 年后得分有所稳步提升，但 2019 年的最高值为 0.0033，邢台市环境得分低同自身产业结构关系密切，需进一步在环境质量上有所提升。

　　邢台市在文化方面得分保持了不错的上升态势，除去 2014 年和 2017 年得分较前一年有小幅下降外，其余年份均保持了良好的上升势头，12 年间文化子系统得分从 0.0065 提升到 0.0274，发展态势良好。邢台市科技子系统得分处于较高水平，展现了快速发展的势头，每隔两年都有一个跨越式的发展，从 2008 年的得分仅为 0.0020，到 2019 年得分达到最高值 0.0360，增长了近 17 倍，邢台市在万人专利申请授权数指标上的提升对科技子系统得分提高具有重要影响。

表 7-9　邢台市各子系统承载力得分表

子系统 年份	经济	人口	粮食	公共服务	交通	基础设施	环境	文化	科技
2008	0.0054	0.0025	0.0001	0.0058	0.0042	0.0078	0.0015	0.0065	0.0020
2009	0.0062	0.0038	0.0001	0.0058	0.0050	0.0088	0.0019	0.0075	0.0039
2010	0.0072	0.0028	0.0001	0.0099	0.0054	0.0089	0.0023	0.0122	0.0046
2011	0.0075	0.0020	0.0001	0.0126	0.0047	0.0095	0.0021	0.0141	0.0053
2012	0.0084	0.0020	0.0001	0.0135	0.0046	0.0116	0.0017	0.0148	0.0118
2013	0.0090	0.0020	0.0001	0.0080	0.0063	0.0150	0.0019	0.0157	0.0126
2014	0.0098	0.0017	0.0001	0.0087	0.0050	0.0111	0.0020	0.0124	0.0133
2015	0.0108	0.0021	0.0001	0.0084	0.0055	0.0100	0.0019	0.0180	0.0216
2016	0.0113	0.0022	0.0002	0.0089	0.0054	0.0254	0.0019	0.0213	0.0229
2017	0.0128	0.0028	0.0002	0.0106	0.0040	0.0380	0.0022	0.0196	0.0249
2018	0.0141	0.0027	0.0002	0.0114	0.0040	0.0513	0.0024	0.0229	0.0359
2019	0.0148	0.0028	0.0002	0.0119	0.0041	0.0681	0.0033	0.0275	0.0360

八、保定市综合承载力评价

如图 7-8 所示，保定市综合承载力得分除 2014 年稍有降低外，其余年份保持着较为平稳的上升态势，特别是在 2014 年后的几年发展速度很快。2008 年保定市综合承载力得分为 0.0338，经过五年的发展，2013 年达到了 0.0703，2014 年以后在 2014 年的 0.0656 的基础上快速发展，2019 年得分达到了 0.1827，并延续了上升态势。

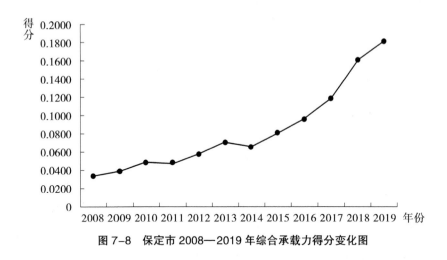

图 7-8　保定市 2008—2019 年综合承载力得分变化图

　　如表 7-10 所示，在经济子系统中，保定市得分除 2011 年略有降低外，其余年份都呈现出不同程度的增长幅度，2019 年经济子系统得分达到了最高值 0.0170，保定市在汽车制造、新能源、纺织等行业有着较为良好的发展基础。保定市在人口子系统得分中处于较低的水平，12 年间得分最高的年份为 2010 年，得分仅有 0.0035，得分最低值为 2011 年的 0.0013。在粮食子系统中，同其他城市一样保定市得分维持在较低的水平，12 年来在 0.0004—0.0005 的范围徘徊。在公共服务方面，保定市得分处于中低等的水平，2008 年和 2009 年连续两年公共服务得分仅为 0.0029 和 0.0028，2011—2017 年得分稳定在 0.0051—0.0080 范围内，2018 年开始得分明显上升，在 2019 年达到最高值 0.0112。在交通方面，保定市得分略有波动，2008 年得分最低为 0.0035，2018 年得分达到最高值 0.0101，长期来看，保定市在交通方面需进一步提升。保定市在基础设施方面保持了较为良好的上升态势，而且在综合承载力上贡献最大，除 2014 年得分略有下降外，其余年份保持了良好的上升态势，特别是 2014 年以后发展势头更为强劲，2008 年得分为 0.0082，2019 年得分已经升高到 0.0889 的高位。
保定市 12 年来在环境方面得分普遍偏低，历年得分在 0.0009—0.0014
内变化。在文化方面，保定市承载力得分上升态势良好，12 年间得
分连年持续提升，2019 年增幅最为明显，得分达到了 0.0354 的最高
值，较最初两年相比有了明显的提升。在科技方面，保定市得分表现
出梯度上升的态势，2008—2011 年得分由 2008 年的 0.0039 缓慢增
长到 2011 年的 0.0045。2012 年得分较前一年明显提升，随后 2013—
2017 年得分在 0.0088 的水平缓慢提高到 0.0140，从 2018 年又跃升到
了 0.0200，2019 年得到了小幅提升得分为 0.0201，综合来看，保定市
在科技方面保持了良好的发展态势。

表 7-10　保定市各子系统承载力得分表

年份＼子系统	经济	人口	粮食	公共服务	交通	基础设施	环境	文化	科技
2008	0.0063	0.0026	0.0004	0.0029	0.0035	0.0082	0.0011	0.0050	0.0039
2009	0.0077	0.0022	0.0004	0.0028	0.0062	0.0095	0.0011	0.0053	0.0039
2010	0.0089	0.0035	0.0004	0.0052	0.0063	0.0113	0.0013	0.0069	0.0044
2011	0.0088	0.0013	0.0004	0.0075	0.0053	0.0110	0.0013	0.0081	0.0045
2012	0.0095	0.0030	0.0004	0.0078	0.0051	0.0133	0.0010	0.0087	0.0087
2013	0.0097	0.0033	0.0004	0.0065	0.0082	0.0197	0.0013	0.0108	0.0103
2014	0.0104	0.0031	0.0004	0.0070	0.0072	0.0140	0.0013	0.0120	0.0100
2015	0.0109	0.0032	0.0004	0.0070	0.0077	0.0230	0.0013	0.0161	0.0112
2016	0.0122	0.0032	0.0004	0.0065	0.0085	0.0310	0.0014	0.0197	0.0125
2017	0.0136	0.0025	0.0004	0.0079	0.0056	0.0499	0.0009	0.0233	0.0140
2018	0.0159	0.0026	0.0005	0.0095	0.0101	0.0746	0.0012	0.0259	0.0200
2019	0.0170	0.0027	0.0005	0.0112	0.0057	0.0889	0.0013	0.0354	0.0201

九、张家口市综合承载力评价

如图7-9所示，张家口市综合承载力得分在12年间保持了较为平稳的上升态势，2008年得分为0.0538，2019年综合承载力得分达到了0.1394的水平，除去2011—2014年三年得分基本持平外其余年份均延续了上升态势，2014年以后张家口市承载力得分上升势头更加明显，2017—2019年中得分均在0.1100以上，整体来看，张家口市综合承载力在保持稳定的同时不断提升。

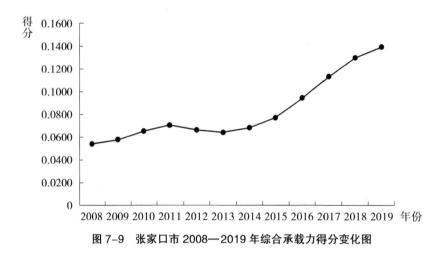

图7-9　张家口市2008—2019年综合承载力得分变化图

如表7-11所示，在经济子系统中，张家口市得分呈现出先降后升的态势，2008—2010年三年经济子系统受外贸依存度等指标影响，得分连年下滑，从0.0126降到0.0079，2010年后开始持续稳步提升，2018年达到研究期内最高值0.0160，2019年出现小幅度降低，但整体仍保持着较高的水平。在人口子系统得分中，2011年得分达到了最高值0.0180，其次是2019年，得分为0.0124，总体来说，张家口市在人口子系统中表现得比较不平稳。在粮食方面，张家口市得分同其他城市相比保持在中等水平，而且大体上保持了上升势头，2009年得分最低为 0.0005，其他年份得分均在 0.0008—0.0010 之间。在公共服务方面，张家口市在 2008 年和 2009 年两年得分较低，随后几年得分保持在 0.0060 以上，2018 年得分达到最大值 0.0101，得分波动也较为明显。张家口市在交通方面得分处于中等水平，多数年份得分超过 0.0050，2008 年得分最低为 0.0040，2017 年得分达到最高值 0.0086。在基础设施方面，张家口市承载力得分稳步提升，2014 年基础设施得分略有下降，得分为 0.0079，2019 年得分达到最高值 0.0234，总体来看，张家口市在基础设施方面保持了良好的发展态势，特别是在 2014 年以后增长幅度较大。在环境子系统中，张家口市环境子系统承载力得分同其他城市类似，得分不高而且趋势不平稳。张家口市文化承载力得分较高，在综合承载力中权重很大，但是发展趋势并不平稳，变动幅度也大。最低时为 2009 年的 0.0058，2019 年文化子系统承载力得分达到最高值 0.0411，2013 年以后文化得分呈现出非常好的发展态势，这与张家口市国内旅游收入稳步提升有密切的联系。张家口市在科技子系统得分保持在较高的水平，2011 年得分最低，为 0.0078，此后张家口市的科技子系统得分稳步上升，2019 年得分最高，达到了 0.0265，张家口市在科技子系统得分中取得了很好的成绩。

表 7-11　张家口市各子系统承载力得分表

年份＼子系统	经济	人口	粮食	公共服务	交通	基础设施	环境	文化	科技
2008	0.0126	0.0050	0.0008	0.0034	0.0040	0.0051	0.0015	0.0082	0.0133
2009	0.0100	0.0047	0.0005	0.0035	0.0044	0.0057	0.0022	0.0058	0.0207
2010	0.0079	0.0072	0.0008	0.0060	0.0053	0.0062	0.0020	0.0197	0.0101
2011	0.0086	0.0180	0.0009	0.0085	0.0041	0.0072	0.0016	0.0141	0.0078
2012	0.0100	0.0047	0.0009	0.0087	0.0046	0.0087	0.0017	0.0157	0.0108

续表

年份＼子系统	经济	人口	粮食	公共服务	交通	基础设施	环境	文化	科技
2013	0.0105	0.0043	0.0010	0.0073	0.0073	0.0097	0.0023	0.0107	0.0110
2014	0.0119	0.0035	0.0009	0.0093	0.0061	0.0079	0.0025	0.0131	0.0133
2015	0.0134	0.0042	0.0009	0.0078	0.0080	0.0104	0.0029	0.0132	0.0159
2016	0.0136	0.0046	0.0010	0.0063	0.0052	0.0133	0.0029	0.0312	0.0164
2017	0.0141	0.0104	0.0010	0.0095	0.0086	0.0184	0.0029	0.0292	0.0195
2018	0.0160	0.0117	0.0010	0.0101	0.0068	0.0227	0.0025	0.0348	0.0241
2019	0.0157	0.0124	0.0010	0.0098	0.0073	0.0234	0.0023	0.0411	0.0265

十、承德市综合承载力评价

如图 7-10 所示，承德市综合承载力在 2008—2019 年 12 年间保持了良好的上升态势，除 2012 年得分较之前一年略有下降外，其余年份得分均延续了上升势头，2008—2010 年得分基本持平，随后六年间承载力得分上升明显，2019 年得分达到最高值 0.1343，整体来看，承德市综合承载力保持了平稳上升的态势，发展势头良好。

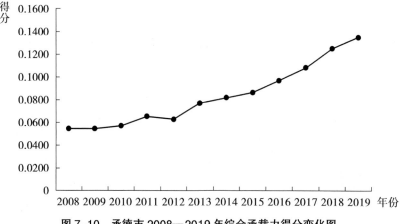

图 7-10　承德市 2008—2019 年综合承载力得分变化图

如表 7-12 所示，承德市在经济子系统中总体来看保持了较高的得分水平，2009 年经济子系统得分最低，仍达到 0.0088 的得分，2012 年开始经济承载力得分均保持在 0.0100 水平以上，2018 年经济承载力得分达到最高值 0.0174。在人口得分方面，承德市历年得分维持在较低的水平，2008 年和 2009 年得分最低为 0.0015，2013 年人口子系统得分达到最高值，也仅为 0.0024。承德市的粮食子系统，得分较为稳定，在 0.0004—0.0006 之间。承德市在公共服务方面得分较为平稳，2008 年和 2009 年公共服务得分较低，分别为 0.0052 和 0.0058，2010 年有着较为明显的上升达到 0.0080，此后十年间公共服务子系统得分都在 0.0077—0.0091 范围内小幅变化。在交通方面，承德市以 2013 年为分水岭，2008—2012 年承德市交通系统得分在 0.0083—0.0092 之间波动，2016—2019 年在 0.0058—0.0065 之间波动，长期来看，承德市在交通方面的表现有待提高。在基础设施方面，承德市 12 年间承载力得分处于不断上升的趋势，2008 年得分为 0.0057，经过 12 年的稳步提升，2019 年得分达到了 0.0216，发展态势良好。承德市在环境方面得分变化较大，以 2014 年为分割点，2008—2010 年承德市环境子系统得分大体处于下降中，由 2008 年的 0.0106 得分下降为 2010 年的 0.0049；此后两年稍有波动，2015 年得分跃升到了 0.0082，此后便基本稳定在 0.0082—0.0096。文化子系统占据了承德市综合承载力的较大权重，除了 2012 年外各年都保持了快速上升的趋势，2019 年得分达到最高值 0.0429，承德市国内旅游收入对整个文化子系统得分具有重要影响。在科技方面，承德市得分总体是先下降后上升的趋势，2008 年科技子系统得分为 0.0085，2009 年降到了 0.0050，此后便开始了增长，2019 年增长到了 0.0264，长期来看承德市在科技子系统中得分态势良好。

表 7-12　承德市各子系统承载力得分表

子系统 年份	经济	人口	粮食	公共服务	交通	基础设施	环境	文化	科技
2008	0.0106	0.0015	0.0006	0.0052	0.0083	0.0057	0.0106	0.0035	0.0085
2009	0.0088	0.0015	0.0004	0.0058	0.0091	0.0062	0.0098	0.0077	0.0050
2010	0.0104	0.0023	0.0006	0.0080	0.0092	0.0071	0.0049	0.0088	0.0057
2011	0.0095	0.0021	0.0006	0.0077	0.0092	0.0078	0.0090	0.0130	0.0060
2012	0.0103	0.0017	0.0006	0.0082	0.0082	0.0083	0.0032	0.0129	0.0085
2013	0.0121	0.0024	0.0006	0.0086	0.0149	0.0108	0.0034	0.0149	0.0089
2014	0.0157	0.0017	0.0005	0.0084	0.0092	0.0116	0.0035	0.0219	0.0086
2015	0.0146	0.0019	0.0005	0.0089	0.0061	0.0121	0.0082	0.0219	0.0118
2016	0.0156	0.0017	0.0006	0.0086	0.0061	0.0134	0.0092	0.0273	0.0139
2017	0.0168	0.0020	0.0006	0.0083	0.0058	0.0180	0.0096	0.0287	0.0179
2018	0.0174	0.0019	0.0006	0.0087	0.0065	0.0196	0.0092	0.0351	0.0259
2019	0.0172	0.0020	0.0006	0.0091	0.0062	0.0216	0.0083	0.0429	0.0264

十一、沧州市综合承载力评价

如图 7-11 所示，沧州市综合承载力保持着良好的上升势头，2008—2017 年承载力得分增长趋势比较稳定，2008 年得分为 0.0448，

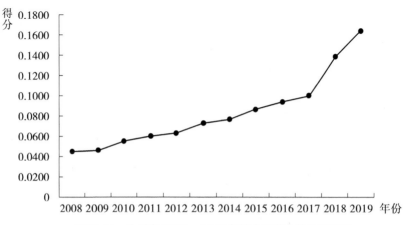

图 7-11　沧州市 2008—2019 年综合承载力得分变化图

2017年得分为0.0997，2018年增幅开始明显加大，2019年达到0.1637的最高值，整体来看，沧州市综合承载力得分发展态势向好，这是各个子系统合力作用的结果。

如表7-13所示，2008—2019年沧州市的经济子系统得分逐步提升，各个年份均保持了上升态势，2008年经济承载力得分最低为0.0068，2019年得分达到最高值0.0207，综合来看，沧州市经济得分保持在较高水平，对整体综合承载力贡献较大，发展态势良好。沧州市在人口方面得分较低，受科技活动人员占比这一指标波动大的影响，得分波动性较大，呈"W"形发展趋势，2013年和2014年人口承载力得分最低为0.0022，2012年得分取得最高值0.0064。在粮食子系统中，沧州市粮食子系统承载力得分不高，研究期间维持在0.0003的水平。在公共服务方面，沧州市在2008年和2009年得分较低，得分分别为0.0041和0.0042，2011—2015年处于小幅度上下波动中，2016—2019年得分开始增加，得分在2019年达到最高值0.0104。沧州市交通子系统因为每万人拥有出租汽车数这一指标有较大的波动，12年间得分起伏明显且处于中低水平，2008—2017年呈现"M"形，2012年得分最低为0.0043，最高值为2016年的0.0137，在2017年下跌的基础上，2018年以后缓慢上升，最终2019年得分为0.0066，可见沧州市交通系统有待进一步完善。在基础设施方面，沧州市得分保持在高水平，2008—2017年得分增长速度较慢，2017后开始快速发展，总体得分发展态势良好。沧州市在环境子系统得分较低，基本维持在0.0015—0.0021波动。在文化子系统中，除2012年得分与2011年相同外，其余年份均保持着稳步提升，特别是2015年后，沧州市文化子系统得分增长很快，总体来看沧州市文化子系统得分从 2008 年的 0.0055 上升到 2019 年的 0.0286。在科技方面，沧州市有着显著的提升和良好的发展态势。2008 年得分 0.0077，随后一年有小幅下降并在 2009—2011 年三年间维持在 0.0045—0.0051 区间，从 2012 年开始得分出现明显上升，并在 2019 年得分达到最高值 0.0202，12 年间沧州市科技发展较为乐观，体现出较为明显的增长趋势。

表 7–13　沧州市各子系统承载力得分表

子系统\年份	经济	人口	粮食	公共服务	交通	基础设施	环境	文化	科技
2008	0.0068	0.0058	0.0003	0.0041	0.0049	0.0082	0.0015	0.0055	0.0077
2009	0.0071	0.0023	0.0003	0.0042	0.0099	0.0100	0.0017	0.0060	0.0045
2010	0.0084	0.0029	0.0003	0.0071	0.0101	0.0104	0.0019	0.0087	0.0051
2011	0.0096	0.0036	0.0003	0.0097	0.0088	0.0124	0.0018	0.0090	0.0049
2012	0.0111	0.0064	0.0003	0.0091	0.0043	0.0157	0.0016	0.0090	0.0057
2013	0.0125	0.0022	0.0003	0.0085	0.0113	0.0191	0.0020	0.0105	0.0068
2014	0.0138	0.0022	0.0003	0.0104	0.0112	0.0163	0.0020	0.0117	0.0086
2015	0.0149	0.0031	0.0003	0.0089	0.0118	0.0228	0.0020	0.0129	0.0094
2016	0.0161	0.0045	0.0003	0.0092	0.0137	0.0191	0.0017	0.0165	0.0122
2017	0.0178	0.0054	0.0003	0.0095	0.0047	0.0255	0.0021	0.0210	0.0134
2018	0.0190	0.0053	0.0003	0.0096	0.0056	0.0527	0.0021	0.0242	0.0196
2019	0.0207	0.0053	0.0003	0.0104	0.0066	0.0695	0.0021	0.0286	0.0202

十二、廊坊市综合承载力评价

如图 7–12 所示，廊坊市综合承载力得分从长期看保持着上扬态势，发展态势良好，2008 年得分为 0.0398，2019 年达到了 0.1458 的最高值，其中仅在 2012 年和 2015 年有稍微的降低，综合来看，廊坊市承载力得分在研究期间有了显著的提升。

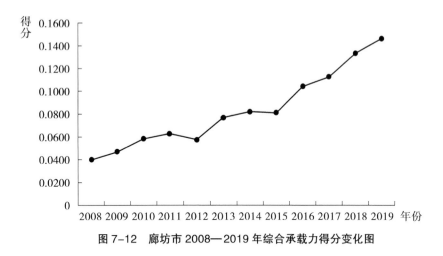

图 7-12　廊坊市 2008—2019 年综合承载力得分变化图

如表 7-14 所示，在经济子系统方面，廊坊市保持了较为平稳的增长态势，2008 年经济子系统得分为 0.0069，12 年间经济得分持续提升，2019 年得分达到最大值 0.0179，保持在较高水平，廊坊市毗邻京津地区，经济受两个直辖市影响较为明显。在人口得分方面，廊坊市处于中低等水平，2010 年得分最高，为 0.0042，其余年份得分维持在 0.0025—0.0036 范围内上下波动，而且呈现了下降的趋势。廊坊市粮食子系统得分较低且呈现下降的趋势，2019 年廊坊市粮食子系统得分为 0.0009。在公共服务方面，廊坊市在前三年得分较低，2011 年以后基础设施子系统得分维持在 0.0084 以上的水平，得分平稳中有上升。在交通方面，廊坊市每万人拥有出租汽车数和公路客运量在全国中的占比这两个指标变动较大，引起了廊坊市交通子系统得分波动较大，得分最小值为 2015 年的 0.0053，最大值为 2016 年的 0.0188。基础设施方面在廊坊市综合承载力中占比最大，2008—2016 年廊坊市得分保持了稳步提升，由 2008 年的 0.0088，到 2016 年的 0.0284，2016 年后廊坊市基础设施得分大幅跃升，到 2019 年得分达到 0.0631。在环境方面，廊坊市得分较为平稳，但处于较低水平，得分在 0.0012—
0.0017 的范围波动，因此廊坊市的环境仍要进一步改善。廊坊市在文
化方面得分保持了较为良好的态势，2008—2011 年四年间，文化得
分从 0.0041 上升到 0.0124，2012 年受每万人剧场、影剧院拥有数指
标的影响，得分下降到 0.0090，随后几年得分继续提升，2018 年得分
达到最高值 0.0218，2019 年得分相比上一年略有下降，但仍保持在
高位水平，达到 0.0214 的高值。在科技方面，廊坊市得分表现出稳定
上升的态势，2008—2011 年得分维持在 0.0040 上下，2012—2017 年
得分平稳增长，得分从 2012 年的 0.0053，上升到 0.0100，2018 年有
了一个大幅跃升，达到了 0.0149 的高分，2019 年进一步小幅度提升，
得分为 0.0151，整体来看廊坊市科技子系统得分发展态势良好。

表 7-14　廊坊市各子系统承载力得分表

子系统 年份	经济	人口	粮食	公共服务	交通	基础设施	环境	文化	科技
2008	0.0069	0.0036	0.0012	0.0032	0.0066	0.0088	0.0013	0.0041	0.0040
2009	0.0079	0.0030	0.0012	0.0034	0.0118	0.0088	0.0013	0.0059	0.0032
2010	0.0086	0.0042	0.0012	0.0060	0.0128	0.0087	0.0014	0.0116	0.0040
2011	0.0095	0.0025	0.0012	0.0088	0.0132	0.0098	0.0013	0.0124	0.0038
2012	0.0105	0.0030	0.0010	0.0093	0.0066	0.0114	0.0012	0.0090	0.0053
2013	0.0121	0.0029	0.0011	0.0084	0.0165	0.0181	0.0015	0.0105	0.0056
2014	0.0132	0.0027	0.0010	0.0088	0.0163	0.0204	0.0016	0.0110	0.0068
2015	0.0146	0.0035	0.0010	0.0087	0.0053	0.0227	0.0015	0.0150	0.0089
2016	0.0159	0.0034	0.0010	0.0092	0.0188	0.0284	0.0015	0.0167	0.0093
2017	0.0164	0.0028	0.0010	0.0096	0.0074	0.0450	0.0015	0.0189	0.0100
2018	0.0176	0.0027	0.0010	0.0102	0.0071	0.0557	0.0017	0.0218	0.0149
2019	0.0179	0.0027	0.0009	0.0097	0.0135	0.0631	0.0015	0.0214	0.0151

十三、衡水市综合承载力评价

如图 7-13 所示，衡水市 12 年间综合承载力得分总体是上涨的，尤其是在 2014 年受到基础设施和文化子系统的影响，经过一年的下跌后，便开始快速上扬的势头，衡水市综合承载力得分从 2008 年的 0.0336 上涨到了 2019 年的 0.1703，衡水市综合承载力得分趋势向好，是各个子系统合力作用的结果。

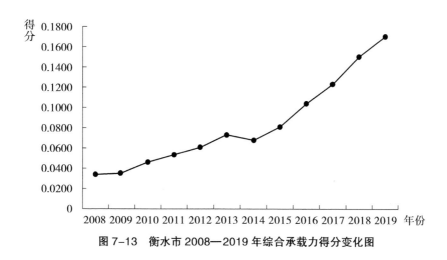

图 7-13　衡水市 2008—2019 年综合承载力得分变化图

如表 7-15 所示，在经济方面，衡水市保持了较为快速的增长态势，2008 年得分为 0.0060，随着经济水平的提高和政策的完善，经过 12 年的发展，2019 年经济子系统承载力得分达到 0.0239 的最高值，可见衡水市经济发展态势良好。衡水市在人口子系统中历年得分都处在较低的水平，而且波动较大，2011 年和 2012 年得分最低为 0.0015，2015 年人口子系统得分最高，得分也仅为 0.0025，不过 2017 年后稳定在 0.0020 左右。在粮食得分方面，得分较低，最高时得分也仅有 0.0003。在公共服务方面，衡水市 2008 年和 2009 两年得分较低，随后三年得分有了显著提升，由 2009 年的 0.0033 增长到了 2012 年的 0.0105，此后的 2013—2015 年进入了波动期，2015 年后则是在 2015 年的基础上较为平稳的上升，2019 年得分为 0.0095。衡水市在交通方面得分处于较低的水平，以 2013 年为分水岭，2008—2014 是呈现"M"形的，并在 2013 年得分达到最高值 0.0072，2013 年后则是在 2014 年较低的水平上保持了一定的平稳性，得分在 0.0038—0.0045 之间。基础设施方面，在衡水市综合承载力上占据了最大权重，衡水市保持了较为快速的增长势头，除在 2014 年受人均邮政业务收入下降的影响，得分较前一年略有下滑外，其余年份得分均保持了上升，特别是 2015 年以后，2008 年得分为 0.0046，2019 年得分已经达到 0.0706 的高分。衡水市在环境子系统的得分同其他城市相比维持在较高水平，2009 年因为生活垃圾处理率下降，环境子系统出现了较大的下降，得分仅为 0.0020，2014 年因为生活垃圾处理率和污水处理率的下降环境子系统再次出现下降，得分为 0.0022，其他年份得分均在 0.0028—0.0035。在文化方面，衡水市承载力得分保持了平稳的上升态势，除 2014 年因为每万人剧场、影剧院拥有数下降，较前一年相比略有下降外，其余年份都有一定幅度的提升，2008 年得分仅为 0.0039，2019 年得分达到最高值 0.0369。在科技方面，衡水市得分大体保持上升势头，2009 年在 2008 年得分 0.0077 的基础上略有下降得分为 0.0057，另外除 2011 年和 2014 年的下降外，其他年份得分都是上升的，到 2019 年得分达到 0.0193 的最高值。

表 7-15　衡水市各子系统承载力得分表

子系统 年份	经济	人口	粮食	公共服务	交通	基础设施	环境	文化	科技
2008	0.0060	0.0017	0.0002	0.0031	0.0034	0.0046	0.0030	0.0039	0.0077
2009	0.0071	0.0017	0.0002	0.0033	0.0054	0.0055	0.0020	0.0044	0.0057
2010	0.0086	0.0018	0.0002	0.0063	0.0059	0.0072	0.0035	0.0064	0.0064
2011	0.0103	0.0015	0.0002	0.0095	0.0035	0.0105	0.0034	0.0084	0.0060
2012	0.0122	0.0015	0.0002	0.0105	0.0033	0.0121	0.0032	0.0114	0.0067
2013	0.0143	0.0020	0.0002	0.0084	0.0072	0.0179	0.0035	0.0127	0.0069
2014	0.0162	0.0018	0.0002	0.0099	0.0038	0.0159	0.0022	0.0113	0.0065
2015	0.0176	0.0025	0.0002	0.0079	0.0043	0.0224	0.0032	0.0151	0.0081
2016	0.0192	0.0024	0.0003	0.0080	0.0044	0.0375	0.0028	0.0201	0.0095
2017	0.0209	0.0020	0.0003	0.0083	0.0043	0.0435	0.0035	0.0261	0.0141
2018	0.0226	0.0019	0.0003	0.0088	0.0045	0.0615	0.0034	0.0306	0.0169
2019	0.0239	0.0020	0.0003	0.0095	0.0044	0.0706	0.0035	0.0369	0.0193

第四节　京津冀城市群综合承载力的深入分析

一、各城市综合承载力指数构建

综合承载力指数的评价方法有很多，常用的有向量模法、神经网络法、系统动力学法、主成分分析法、多目标决策分析法等。其中，向量模法是一种综合指标体系评价方法，运算易操作、简单直观、客观合理，不仅可以做城市综合承载力状况同一时间不同地区的横向比较，也可以做同一地区不同时间的纵向分析，应用广泛。由于上一节各市综合承载力是分别计算的，不能进行横向比较，因此，本书参考（郑毅等，2017；郑博福等，2020）等文献，采用向量模法对京津冀城市群综合承载力进一步展开评价分析。[1]

---

[1] 郑毅、蒋进元、杨延梅、何连生：《基于向量模法的南宁市水环境承载力评价分析》，《环境影响评价》2017年第1期。郑博福、范焰焰、任艳红、黄琼瑶、黄云：《典型河网地区水环境承载力评估——以长兴县为例》，《中国农村水利水电》2020年第7期。

向量模法假设有 m 个不同的评价对象，则会产生 m 个综合承载力指数值，设此 m 个评价值为 $E_i(i=1,2,\cdots,m)$，每个评价值（向量）包括 n 个具体指标确定的分量，即有：

$$E_i=(E_{i1},E_{i2},\cdots,E_{in}) \tag{7.1}$$

指标数据标准化后为：

$$\overline{E}_i=(\overline{E}_{i1},\overline{E}_{i2},\cdots,\overline{E}_{in}) \tag{7.2}$$

式中：

$$\overline{E}_{ij}=\left.E_{ij}\middle/\sum_{i=1}^{m}E_{ij}\right.\quad(i=1,2,\cdots,n) \tag{7.3}$$

对于负向指标，应先对其进行倒数处理：

$$E_{ij}^{*}=\frac{1}{E_{ij}} \tag{7.4}$$

然后由 E_{ij}^{*} 替代公式（7.1）中原来的负向数据，参与数据的标准化。第 j 个城市综合承载力指数值可以用向量模的形式表示为：

$$\left|\overline{E}_i\right|=\left[\sum_{i=0}^{n}(\overline{E}_{ij}\cdot W_{ij})^2\right]^{1/2} \tag{7.5}$$

式中，W_{ij} 为截面数据利用熵值法确定的第 i 个城市综合承载力的第 j 个指标的权重。

二、各城市综合承载力的对比分析

（一）各城市综合承载力指数评价

经计算得到京津冀各城市综合承载力指数值见表7-16。

表7-16　京津冀各城市综合承载力指数值

城市＼年份	2008年	2009年	2010年	2011年	2012年	2013年
北京	0.0819	0.0824	0.0802	0.0772	0.0753	0.0662
天津	0.0375	0.0359	0.0341	0.0316	0.0327	0.0320

续表

城市＼年份	2008 年	2009 年	2010 年	2011 年	2012 年	2013 年
石家庄	0.0115	0.0113	0.0122	0.0128	0.0131	0.0132
唐山	0.0135	0.0142	0.0149	0.0141	0.0142	0.0139
秦皇岛	0.0195	0.0206	0.0145	0.0228	0.0151	0.0161
邯郸	0.0079	0.0071	0.0079	0.0081	0.0088	0.0086
邢台	0.0065	0.0064	0.0065	0.0064	0.0069	0.0068
保定	0.0072	0.0077	0.0088	0.0081	0.0089	0.0098
张家口	0.0083	0.0087	0.0093	0.0117	0.0099	0.0103
承德	0.0099	0.0108	0.0117	0.0118	0.0123	0.0133
沧州	0.0063	0.0067	0.0072	0.0074	0.0065	0.0066
廊坊	0.0087	0.0090	0.0102	0.0097	0.0093	0.0105
衡水	0.0055	0.0055	0.0062	0.0064	0.0070	0.0078
城市＼年份	2014 年	2015 年	2016 年	2017 年	2018 年	2019 年
北京	0.0702	0.0716	0.0740	0.0693	0.0661	0.0705
天津	0.0317	0.0323	0.0311	0.0305	0.0318	0.0314
石家庄	0.0134	0.0150	0.0135	0.0137	0.0141	0.0140
唐山	0.0125	0.0118	0.0130	0.0124	0.0124	0.0125
秦皇岛	0.0154	0.0157	0.0165	0.0164	0.0157	0.0162
邯郸	0.0083	0.0084	0.0081	0.0093	0.0098	0.0098
邢台	0.0064	0.0064	0.0066	0.0068	0.0068	0.0068
保定	0.0095	0.0104	0.0117	0.0127	0.0124	0.0138
张家口	0.0104	0.0107	0.0109	0.0121	0.0124	0.0124
承德	0.0145	0.0137	0.0134	0.0138	0.0145	0.0144
沧州	0.0068	0.0070	0.0073	0.0075	0.0079	0.0082
廊坊	0.0110	0.0110	0.0117	0.0109	0.0103	0.0099
衡水	0.0066	0.0067	0.0070	0.0076	0.0079	0.0080

（二）2019年京津冀综合承载力指数对比分析

图7-14为2019年京津冀13个地级市的综合承载力指数值，由图7-14可知，河北省各地级市的综合承载力指数值相较北京市、天津市差距较大。北京市2019年综合承载力指数值为0.0705，石家庄市作为河北省省会，2019年综合承载力指数值为0.0140，唐山市是河北省生产总值最高的地区，2019年综合承载力指数值为0.0125，秦皇岛市是河北省综合指数值最高的地区，2019年综合承载力指数值为0.0162。北京市2019年综合承载力指数值是石家庄市综合承载力指数值的5.04倍，是唐山市的5.62倍，是秦皇岛市的4.35倍；天津市2019年综合承载力指数值为0.0314，虽与北京市仍有较大差距，但天津市综合承载力指数值均高于河北省各城市，天津市2017年综合承载力指数值为石家庄市综合承载力指数值的2.25倍，是唐山市的2.50倍，是秦皇岛市的1.94倍。

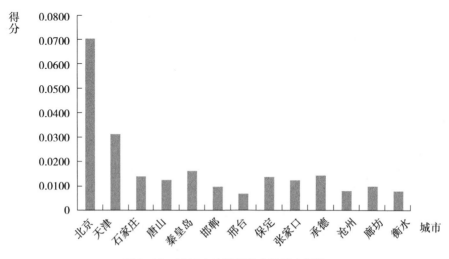

图7-14　2019年京津冀综合承载力指数

在河北省各地级市中，2019 年综合承载力指数值最高的为秦皇岛市，综合承载力指数为 0.0162，其次为石家庄市的 0.0140 和唐山市的 0.0125，综合承载力指数最低的为邢台市的 0.0068 和衡水市的 0.0080。在河北省的 11 个地级市中，综合承载力指数值在 0.01 以上的有六个城市，分别为秦皇岛市、石家庄市、承德市、保定市、唐山市和张家口市，综合承载力指数值分别为 0.0162、0.0144、0.0140、0.0138、0.0125 和 0.0124；廊坊市、邯郸市、沧州市、衡水市和邢台市的综合承载力指数值在 0.01 以下，依次为 0.0099、0.0098、0.0082、0.0080 和 0.0068。秦皇岛市 2019 年综合承载力指数值为石家庄市的 1.16 倍，为邢台市的 2.39 倍；石家庄市 2019 年综合承载力指数值为邢台市的 2.06 倍。综上所述，河北省各城市与北京市、天津市有较大差距，河北省各城市间也存在差异性。

（三）各城市子系统承载力的横向对比分析

综合承载力是由各子系统合力作用的结果，因此本节通过对比京津冀各城市各个子系统的横向对比，来展示研究初期和末期各个城市的子系统之间的演变。

1. 人口子系统承载力指数分析

人口子系统如第六章所述，指标包含人口自然增长率、人口密度、登记失业率、科技活动人员占比和第三产业就业人员数占比，共五项子指标。

图 7–15 为 2008 年和 2019 年京津冀 13 个城市的人口子系统承载力指数值。由图 7–15 可知，研究期间，京津冀 13 个城市的人口承载力发展呈现不同的变化，其中北京市和秦皇岛市人口子系统承载力指数出现不同程度的下降，年平均下降幅度分别为 0.20% 和 10.62%，

天津市以及河北省部分城市均有不同程度的增加，其中天津市、石家庄市、邢台市和张家口市四个城市涨幅最大，年平均涨幅分别为5.57%、5.01%、4.73%和4.52%；天津市、张家口市和承德市增加最多，分别上涨了0.0023、0.0038和0.0042。从时间演变看，京津冀城市群人口子系统承载力指数高值由2008年的北京市和秦皇岛市，演变为了2019年的北京市、张家口市和承德市；最低值由2008年的沧州市和衡水市演变为2019年的邯郸市。整体上，北京市和河北省的张家口市以及承德市，承载力指数最高，天津市和河北省部分城市人口子系统承载力指数较低。

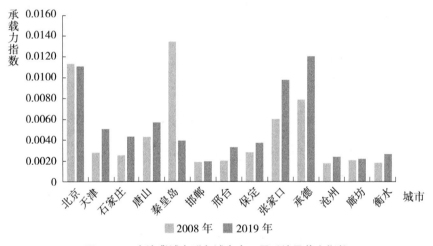

图7-15 京津冀城市群各城市人口子系统承载力指数

2. 经济子系统承载力指数分析

经济子系统如第六章所述，指标包含人均GDP、第三产业占比、人均地方一般公共预算收入、人均固定资产投资额、人均社会消费品零售额和城镇人均可支配收入六项子指标。

图7-16为2008年和2019年京津冀13个城市的经济子系统承载

力指数值。由图 7-16 可知，研究期间，京津冀 13 个城市的经济承载力发展呈现不同的变化，其中，北京市、唐山市、秦皇岛市、邯郸市和承德市的经济子系统承载力指数出现下降，年平均下降幅度分别是 1.64%、0.51%、0.92%、0.52% 和 0.88%。天津市、石家庄市、邯郸市、邢台市、保定市、张家口市、沧州市、廊坊市和衡水市呈现不同幅度的上涨，年平均涨幅分别是 0.19%、4.49%、1.07%、1.36%、0.44%、4.11%、1.48% 和 6.34%。下降幅度最大的城市是北京市，上涨幅度最大的城市是衡水市，整体上看，北京虽然经济子系统承载力略有下降，但仍是京津冀 13 个城市中经济子系统承载力指数最大的城市，遥遥领先于天津市和河北省各城市，2019 年其承载力指数值是河北省承载力指数值最高的城市（秦皇岛市）的 4 倍；天津市经济子系统承载力指数是京津冀城市群中排名第二的城市，其承载力指数值是河北省承载力指数值最高的城市（秦皇岛市）的 2.58 倍；河北省各城市经济子系统承载力指数处于第三层次，经济子系统承载力指数值较低。

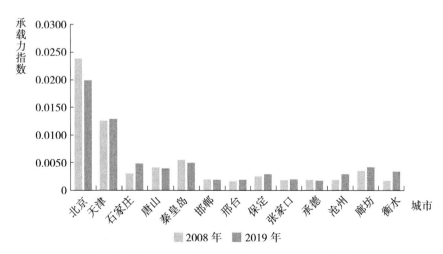

图 7-16　京津冀城市群各城市经济子系统承载力指数

3. 粮食子系统承载力指数分析

粮食子系统如第六章所述，指标包含人均粮食作物播种面积、人均农作物灌溉面积、人均粮食产量、单位耕地粮食产量和粮食播种面积占播种总面积比率，共五项子指标。

图 7-17 为 2008 年和 2019 年京津冀 13 个城市的粮食子系统承载力指数值。由图 7-17 可知，研究期间，京津冀 13 个城市的粮食承载力，仅北京市承载力指数有所下降，降幅不足 0.0001；其他城市均呈现增加趋势，其中衡水市粮食承载力指数年增长最多，指数值从 0.0017 增加到 0.0038，增幅为 0.0021，其次是保定市、邢台市、张家口市、沧州市、邯郸市和承德市增幅都在 0.0010 以上。整体上看，2019 年京津冀城市群粮食子系统的承载力指数值可以分为两个阶梯，第一个阶梯是河北省各地级市，河北省各地级市得分均在 0.0010 之上，处于较高水平。其次为北京市和天津市两市，北京市和天津市的粮食子系统的承载力指数均低于 0.0010，特别是北京市粮食承载力得分仅为 0.0002。

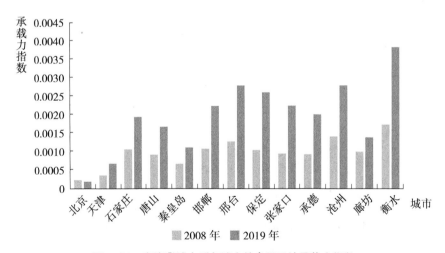

图 7-17　京津冀城市群各城市粮食子系统承载力指数

4.公共服务子系统承载力指数分析

公共服务子系统如第六章所述，指标包含普通中学专任教师师生比、每万人拥有医院数、每万人拥有执业（助理）医师数、城镇职工基本养老保险参保人数、城镇职工基本医疗保险参保人数、失业保险参保人数，共六项子指标。

图 7-18 为 2008 年和 2019 年京津冀 13 个城市的公共服务子系统承载力指数值。由图 7-18 可知，研究期间，京津冀 13 个城市的公共服务承载力发展呈现不同的变化。其中，北京市、天津市、石家庄市、唐山市和秦皇岛市在研究期间均有降低，天津市公共服务承载力下降最多，降幅为 0.0051，其次是唐山市，降幅为 0.0016，第三为北京市，降幅为 0.0014，其他城市降幅均小于 0.0010。邯郸市、邢台市、保定市、张家口市、承德市、沧州市、廊坊市和衡水市均有所上升，其中保定市和张家口市增幅最大，均为 0.0008。整体上看，2019 年，北京市虽然公共服务承载力有所降低，但仍是京津冀城市群中承载力指数最高的城市，处于第一阶梯，是天津市的 2.18 倍，是河北省公共服务

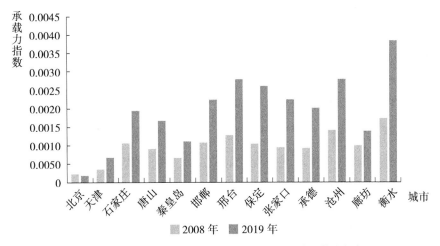

图 7-18　京津冀城市群各城市公共服务子系统承载力指数

承载力最高的城市（秦皇岛市）的 4.12 倍；天津市公共服务承载力指数虽然低于北京市，但仍远高于河北省各城市，处于第二阶梯，其承载力值是河北省公共服务承载力最高的城市（秦皇岛市）的 1.89 倍；河北省各城市处于第三阶梯，河北省各城市公共服务承载力指数均低于 0.0045，邢台市是河北省城市公共服务承载力指数最低的城市，指数值仅为 0.0017。

5. 基础设施子系统承载力指数分析

基础设施子系统如第六章所述，指标包含人均邮政业务收入、人均电信业务收入、城市生活用水人均供水量、城市居民生活人均用电量、人均供气量、燃气普及率，共六项子指标。

图 7-19 为 2008 年和 2019 年京津冀 13 个城市的基础设施子系统承载力指数值。由图 7-19 可知，研究期间，京津冀 13 个城市的基础设施子系统承载力发展呈现不同的变化。其中北京市、唐山市、邢台市和承德市的基础设施承载力指数出现下降，北京市基础设施承载力下降幅度最大，2008 年北京市的基础设施承载力指数为 0.0493，2019 年子系统承载力指数下降到 0.0346，降幅为 0.0148；其他城市出现上升，秦皇岛市上升幅度最大，2008 年秦皇岛市基础设施子系统承载力指数为 0.0054，2019 年秦皇岛市子系统承载力指数上升到 0.0107，上升幅度为 0.0053。2008 年和 2019 年基础设施子系统承载力指数最高的城市均为北京市，2008 年基础设施子系统承载力指数最低的是衡水市，其基础设施子系统承载力指数为 0.0020，2019 年基础设施子系统承载力指数最低的是邢台市，其基础设施子系统承载力指数为 0.0013。整体上看，2019 年，北京市处于京津冀城市群第一阶梯，是排名第二城市的 1.98 倍；天津和秦皇岛市处于第二阶梯，两个城市

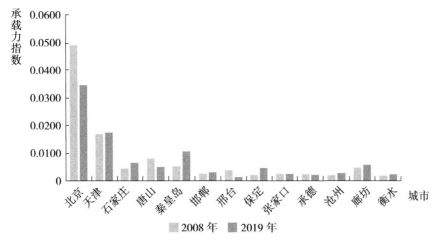

图7-19 京津冀城市群各城市基础设施子系统承载力指数

的承载力指数低于北京市，但高于河北省大部分城市；第三阶梯的城市为河北省除秦皇岛市外的其他城市，这些城市的承载力指数值低于北京市、天津市和秦皇岛市。

6. 交通子系统承载力指数分析

交通子系统如第六章所述，指标包含人均城市道路面积、每万人拥有公共交通车辆、每万人拥有出租汽车数、公路客运量在全国中的占比、公路货运量在全国中的占比，共五项子指标。

图7-20为2008年和2019年京津冀13个城市的交通子系统承载力指数值。由图7-20可知，研究期间，京津冀13个城市的交通子系统承载力发展呈现不同的变化。其中秦皇岛市交通子系统承载力出现下降，2008年秦皇岛市交通子系统承载力为0.0050，2019年下降到0.0039，降幅为0.0011。其他城市均有所上升，保定市交通子系统承载力指数由2008年的0.0037上升到2019年的0.0089，上升幅度为0.0061，上升幅度最大；天津市交通子系统承载力指数由0.0089上升

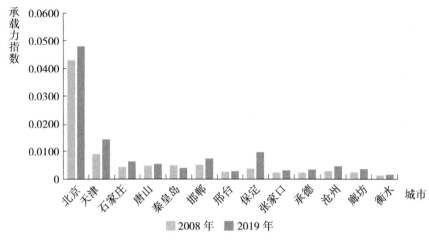

图7-20　京津冀城市群各城市交通子系统承载力指数

到 0.0143，增幅为 0.0054；其他城市也有不同幅度的上升。整体上看，2008 年和 2019 年北京市交通子系统指数值均处于第一阶梯，遥遥领先于京津冀城市群中的其他城市。天津市和河北省各地级市处于第二阶梯，交通子系统指数较低，但天津市交通子系统高于河北省各城市。

7. 资源环境子系统承载力指数分析

资源环境子系统如第六章所述，指标包含人均公园绿地面积、建成区绿化覆盖率、生活垃圾处理率、建成区排水管道密度、污水处理率、一般工业固体废物综合利用率，共六项子指标。

图 7-21 为 2008 年和 2019 年京津冀 13 个城市的环境子系统承载力指数值。由图 7-21 可知，研究期间，京津冀 13 个城市的环境子系统承载力指数均较低，且仅邢台市和衡水市承载力指数有所上升，其他城市均有不同程度的下降。其中承德市环境子系统承载力指数下降最多，降幅为 0.0006。

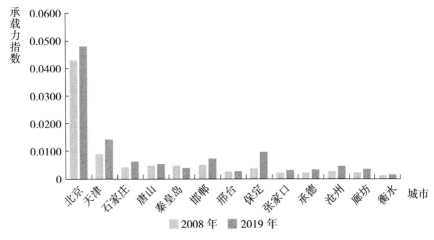

图 7-21　京津冀城市群各城市环境子系统承载力指数

8. 文化子系统承载力指数分析

文化子系统如第六章所述，指标包含电视节目综合人口覆盖率，人均国内旅游收入，每百人公共图书馆图书藏量，文化、体育、娱乐产业从业人员比例，剧场、影剧院数，共五项子指标。

图 7-22 为 2008 年和 2019 年京津冀 13 个城市的文化子系统承载力指数值。由图 7-22 可知，研究期间，京津冀 13 个城市的文化子系统承载力指数值呈现不同的变化。其中，北京市、天津市、石家庄市、秦皇岛市、邯郸市和邢台市的文化子系统承载力指数值有所降低，天津市文化子系统承载力下降最多，降幅为 0.0180，北京市文化子系统，降幅为 0.0174，其他城市降幅均小于 0.0012；唐山市、保定市、张家口市、承德市、沧州市、廊坊市和衡水市的文化子系统承载力指数值有所增加，保定市文化子系统增幅最大，为 0.0025。整体来看，2019 年京津冀城市群中，北京市文化子系统承载力指数最高，其次为秦皇岛市和天津市，河北省其他城市最低。

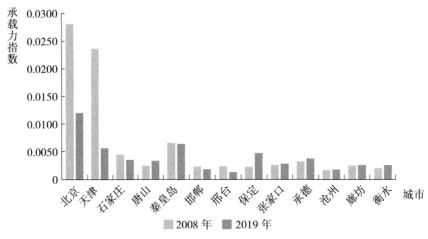

图 7-22　京津冀城市群各城市文化子系统承载力指数

9. 科技子系统承载力指数分析

科技子系统如第六章所述，指标包含科技支出占地方公共财政预算支出的比重、万人专利申请授权数、互联网宽带接入用户数在全国中的占比、移动电话用户数在全国中的占比、每万人普通高等学校在校学生数，共五项子指标。

图 7-23 为 2008 年和 2019 年京津冀 13 个城市的科技子系统承载力指数值。由图 7-23 可知，研究期间，京津冀 13 个城市的科技子系统承载力指数呈现不同的变化。其中，北京市、天津市、秦皇岛市、张家口市和沧州市的科技子系统承载力指数有所下降，秦皇岛市科技子系统承载力指数下降最多，下降了 0.0017，降幅为 24.93%；天津市、石家庄市、唐山市、邯郸市、邢台市、保定市、张家口市、承德市、沧州市、廊坊市和衡水市的科技子系统承载力指数有所增加，天津市科技子系统承载力指数增加最多，增加值为 0.0017，增幅为 14.06%。整体上看，2019 年京津冀城市群科技承载力指数可以分为

三个层次，第一阶梯的城市为北京市，2019 年北京市科技承载力指数为 0.0215，是排名第二的城市的 1.6 倍；第二阶梯的城市是天津市，2019 年天津市承载力低于北京市，但高于河北省各地级市，其科技承载力指数是河北省科技承载力最高的城市（石家庄市）的 2.04 倍。河北省各城市处于第三阶梯，其承载力指数低于北京市和天津市。

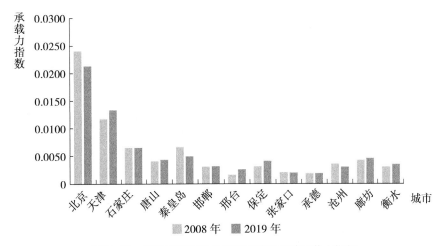

图 7-23　京津冀城市群各城市科技子系统承载力指数

第八章　京津冀城市群综合承载力中经济、资源环境、文化子系统的耦合协调分析

　　城市群在区域社会经济发展中承担着重要的作用，推动承载力系统内主要子系统的协调发展，对于平衡和优化综合承载力中的承载结构，提升总体承载力，推进城市群带动该区域整体协调发展具有重要意义。城市发展中容易出现的资源紧张、环境污染、交通拥挤等一系列问题严重制约着城市的可持续发展，对城市发展的约束作用逐渐凸显，因此从耦合协调角度全面掌握京津冀经济、资源环境、文化承载力的关系，对推进城市群综合承载力协同发展具有重要意义。

第一节　经济、资源环境、文化承载力发展水平测算及比较分析

　　经济、资源环境、文化承载是综合承载力中典型的承载子系统。经济子系统作为社会发展的物质基础，其发展会消耗能源以及破坏生态环境，最终不可避免地造成环境污染；资源环境是经济社会发展的

重要载体（张伟，2022），① 资源环境的发展是其他子承载系统的环境支撑，对于经济可持续发展和文化繁荣具有重要意义。文化子系统是区域发展观念和科学技术的重要体现，是经济社会发展的产物，同时会影响区域的经济发展和环境可持续性。经济、资源环境以及文化子系统三者之间并非是非此即彼的关系，而是相互依存，协同发展，存在最优的均衡解。

鉴于此，本章选取经济、资源环境以及文化子系统作为分析对象，进一步分析承载力子系统之间的协同程度。相较于第七章的综合承载力评价，因为要从整体上对京津冀城市群进行分析，并进一步构建系统之间的耦合协调度模型，需要能够直接比较三个承载子系统，且三个系统指标数量大大减少，本章分析更适合采用第四章介绍的面板熵值法。选择三个系统的承载力评价指标计算得到京津冀城市群的经济承载力、资源环境承载力、文化承载力的发展水平。通过分析京津冀城市群的经济、资源环境和文化承载力的耦合协调程度发现京津冀城市群发展的短板与优势，为协同综合承载各系统，建立经济发展、环境友好和文化丰富的京津冀城市群提供对策建议。

为了对京津冀城市群13个市从整体上进行比较分析，采用第四章介绍的面板熵值法进行计算，得到京津冀城市群的经济承载力、资源环境承载力、文化承载力的发展水平。

---

① 张伟：《基于资源环境承载力的京津冀城市群发展绩效测度》，《统计与决策》2022年第20期。

一、城市自身经济、资源环境、文化承载力综合发展水平对比

深入分析各子系统的发展水平,假设各市的 F_1 为经济承载力发展水平, F_2 为资源环境承载力发展水平, F_3 为文化承载力发展水平。则依据其得分可分为四类类型,当 F_1 小于 F_2 和 F_3 时,为经济承载力滞后型;当 F_2 小于 F_1 和 F_3 时,为资源环境承载力滞后型;当 F_3 小于 F_1 和 F_2 时,为文化承载力滞后型;当 $F_1=F_2=F_3$ 时,为同步发展型。

如表 8-1 所示,将京津冀 13 个城市的经济、资源环境、文化承载力子系统进行自身比较,2019 年,文化承载力得分低的城市有六个,分别为天津市、唐山市、邢台市、沧州市、廊坊市和衡水市;石家庄市、秦皇岛市、邯郸市、保定市、张家口市和承德市六个河北省地级市的经济承载力最低,即京津冀城市群中 46.15% 为文化承载力滞后型,46.15% 为经济承载力滞后型,经济和文化滞后是京津冀城市群亟须解决的问题,其是阻碍京津冀城市群发展的重要因素。而 2019 年只有北京市的资源环境承载力为自身的最薄弱环节,为资源环境承载力滞后型,其余市的经济承载力或者文化承载力较低。

表 8-1　京津冀城市群经济、资源环境、文化承载力子系统的评价得分结果

城市	子系统 \ 年份	2008	2009	2010	2011	2012	2013	2014	2015	2016	2017	2018	2019
北京	经济	0.57	0.52	0.58	0.64	0.66	0.68	0.69	0.69	0.70	0.75	0.79	0.82
	环境	0.32	0.42	0.42	0.44	0.49	0.55	0.56	0.57	0.59	0.49	0.48	0.48
	文化	0.61	0.61	0.63	0.67	0.69	0.75	0.74	0.76	0.77	0.81	0.82	0.85
天津	经济	0.30	0.30	0.34	0.39	0.43	0.46	0.50	0.52	0.53	0.52	0.56	0.57
	环境	0.61	0.63	0.65	0.71	0.74	0.75	0.71	0.69	0.68	0.68	0.64	0.61
	文化	0.38	0.35	0.35	0.35	0.37	0.40	0.42	0.46	0.49	0.52	0.57	0.51

续表

城市	子系统\年份	2008	2009	2010	2011	2012	2013	2014	2015	2016	2017	2018	2019
石家庄	经济	0.10	0.11	0.14	0.16	0.18	0.20	0.22	0.24	0.25	0.30	0.31	0.34
	环境	0.41	0.47	0.54	0.55	0.45	0.56	0.50	0.52	0.53	0.54	0.54	0.52
	文化	0.22	0.24	0.27	0.26	0.29	0.28	0.28	0.27	0.27	0.30	0.33	0.35
唐山	经济	0.11	0.12	0.15	0.17	0.19	0.22	0.24	0.26	0.27	0.29	0.32	0.33
	环境	0.46	0.51	0.53	0.49	0.49	0.49	0.49	0.49	0.45	0.53	0.54	0.54
	文化	0.08	0.10	0.11	0.10	0.11	0.15	0.16	0.16	0.19	0.20	0.21	0.29
秦皇岛	经济	0.16	0.14	0.16	0.17	0.18	0.19	0.20	0.22	0.23	0.25	0.26	0.27
	环境	0.56	0.57	0.65	0.64	0.61	0.64	0.64	0.57	0.59	0.46	0.45	0.44
	文化	0.19	0.26	0.23	0.31	0.28	0.32	0.36	0.35	0.44	0.45	0.49	0.57
邯郸	经济	0.04	0.06	0.07	0.08	0.10	0.10	0.12	0.13	0.14	0.16	0.18	0.19
	环境	0.51	0.54	0.66	0.65	0.63	0.67	0.67	0.68	0.63	0.64	0.59	0.54
	文化	0.09	0.09	0.11	0.12	0.09	0.08	0.09	0.11	0.12	0.15	0.15	0.20
邢台	经济	0.02	0.04	0.05	0.05	0.06	0.07	0.08	0.10	0.11	0.13	0.16	0.16
	环境	0.38	0.45	0.54	0.52	0.42	0.46	0.51	0.47	0.47	0.53	0.60	0.71
	文化	0.09	0.09	0.12	0.13	0.11	0.12	0.08	0.11	0.12	0.11	0.11	0.13
保定	经济	0.06	0.08	0.09	0.07	0.08	0.08	0.10	0.11	0.12	0.15	0.17	0.20
	环境	0.34	0.35	0.45	0.47	0.34	0.40	0.40	0.41	0.43	0.35	0.41	0.42
	文化	0.09	0.09	0.11	0.10	0.09	0.11	0.11	0.14	0.18	0.21	0.20	0.27
张家口	经济	0.05	0.06	0.07	0.08	0.10	0.10	0.12	0.13	0.15	0.18	0.20	0.21
	环境	0.22	0.29	0.32	0.31	0.32	0.36	0.39	0.42	0.41	0.32	0.34	0.32
	文化	0.10	0.10	0.13	0.15	0.16	0.15	0.17	0.19	0.25	0.29	0.32	0.37
承德	经济	0.03	0.04	0.06	0.06	0.08	0.10	0.12	0.13	0.14	0.16	0.18	0.18
	环境	0.34	0.39	0.39	0.38	0.36	0.36	0.37	0.40	0.42	0.44	0.41	0.39
	文化	0.13	0.17	0.18	0.24	0.24	0.24	0.31	0.30	0.34	0.34	0.39	0.46
沧州	经济	0.06	0.06	0.08	0.09	0.10	0.12	0.14	0.16	0.17	0.20	0.23	0.24
	环境	0.36	0.41	0.45	0.42	0.36	0.46	0.45	0.45	0.38	0.46	0.46	0.47
	文化	0.06	0.06	0.09	0.09	0.07	0.09	0.09	0.10	0.11	0.14	0.15	0.16

城市 \ 子系统 \ 年份		2008	2009	2010	2011	2012	2013	2014	2015	2016	2017	2018	2019
廊坊	经济	0.09	0.11	0.13	0.14	0.15	0.18	0.21	0.24	0.27	0.28	0.32	0.33
	环境	0.46	0.47	0.48	0.46	0.42	0.50	0.53	0.51	0.53	0.54	0.59	0.54
	文化	0.08	0.11	0.14	0.15	0.13	0.15	0.15	0.17	0.18	0.22	0.24	0.23
衡水	经济	0.04	0.03	0.05	0.06	0.08	0.09	0.12	0.12	0.14	0.15	0.19	0.20
	环境	0.33	0.37	0.47	0.44	0.37	0.47	0.42	0.48	0.47	0.46	0.44	0.50
	文化	0.07	0.07	0.09	0.11	0.12	0.12	0.08	0.10	0.12	0.14	0.15	0.17

二、经济承载力发展水平分析

如图 8-1 所示，2008—2019 年，北京市的经济承载力得分总体上呈现增长趋势，但也有下降，其中 2009 年、2015 年为凹点，从 2008 年的 0.57 增加到 2019 年的 0.82，年平均增长率为 3.37%，截至 2019 年，北京市的经济承载力得分已经处于较高水平。2008—2019 年天津市的经济承载力得分在 2017 年为凹点，其余年份一直保持增长趋势，从 2008 年的 0.3 增加到 2019 年的 0.57，年平均增长率为 6%，2019 年天津市的经济承载力得分是除了北京市外唯一一个超过 0.5 的城市，发展态势良好。河北省的 11 个市的经济承载力得分相近，且增长趋势较为相似，2009—2019 年，河北省的 11 个市的经济承载力得分整体在 0—0.3 附近波动，处于京津冀的低水平区域，虽有增长但增长缓慢。

就经济承载力系统得分总体水平而言，京津冀各个城市的得分可分为三个水平层，第一层为北京市，其总体得分在 0.5—0.9，与其他城市相比，北京市的经济承载力系统得分总体水平较高，显著领先于其他城市的总体得分；第二层为天津市，其总体得分在 0.3—0.6，天津市较为显著地低于北京市的经济承载力系统总体得分；第三层为河北省各城市，其经济承载力系统的总体得分在 0—0.3，并显著低于北京市、天津市的经济承载力系统得分。在第三层中，经济承载力系统得分处于领先地位的是石家庄市，处于最低的是邢台市。处于第三层的城市应在京津冀协同发展的大战略下大力发展经济，提高区域经济承载力得分的总体水平，缩小与天津市和北京市的差距。

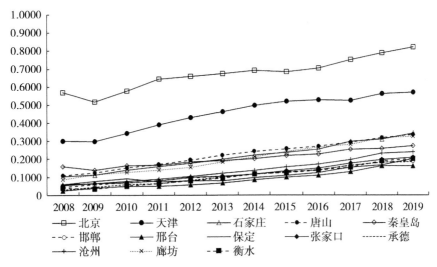

图 8-1　京津冀城市群经济承载力系统的评价得分结果

三、资源环境承载力发展水平分析

如图 8-2 所示，2008—2019 年的资源环境承载力总体为上升趋势，表明京津冀城市群由于近年来一系列的生态环境和水土资源等治理促进了资源利用率的提升和生态环境的可持续发展。整体上天津市处于领先地位，基本上处于前期上升而后期下降的趋势，但整体变化幅度较小；邯郸市 2008—2019 年的波动幅度较大，2008—2010 年、2012—2015 年逐年上升，其余年份呈下降趋势，12 年的年平均增长率为0.57%。邢台市从2008年的0.38增长到2019年的0.71，年平均增长率为5.88%，在2019年超过京津冀其他城市，位居首位。北京市处于中间位置，从2008年的0.32增长到2019年的0.48，年平均增长率为3.61%，其中2008—2016年为上升趋势，2017—2019年逐渐下降，2019年资源环境承载力居第8位。张家口市在2008—2010年、2011—2015年、2017—2018年为上升趋势，其余年份略有降低。2009年、2013—2017年承德市呈现上升趋势，其他年份略有下降。2019年的张家口市、承德市、保定市在资源环境承载力得分排名中处于后三位。针对得分较低的城市应大力发展环境建设，同时又要减少污染的排放，两手抓才能促进生态环境的高质量发展。

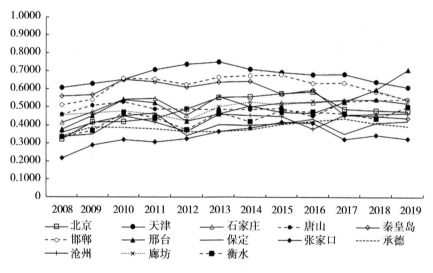

图8-2　京津冀城市群资源环境承载力系统的评价得分结果

四、文化承载力发展水平分析

如图8-3所示，2008—2019年，北京市的文化承载力得分总体保持增长趋势，且趋势较为平缓，2014年略有下降后再次回升，从

2008 年的 0.61 增加到 2019 年的 0.85，年平均增长率为 3%，文化承载力系统得分显著增加，截至 2019 年，北京市的文化承载力得分已经处于较高水平。天津市的文化承载力得分 2008—2011 年呈下降趋势，2012—2018 年保持增长趋势，在 2019 年又略有下降，从 2008 年的 0.38 增加到了 2019 年的 0.51，年平均增长率为 2.77%。秦皇岛市 2019 年超过天津市居第 2 位，其波动频繁，但是总体为增长趋势，从 2008 年的 0.19 增长到 2019 年的 0.57，年平均增长率为 10.26%。石家庄市从 2008 年的 0.22 增长到 2019 年的 0.35，年平均增长率为 4.36%，河北省的其他市的文化承载力系统得分相近，且增长趋势较为相似，2009—2019 年，河北省的 11 个城市的文化承载力系统得分整体在 0.1—0.4 之间，处于京津冀的低水平区域。

就文化承载力系统得分总体水平而言，京津冀各个城市的得分可分为两个水平层，第一层为北京市，其总体得分在 0.7 与 0.9 之间，与其他城市相比，北京市的文化承载力系统得分总体水平较高，明显

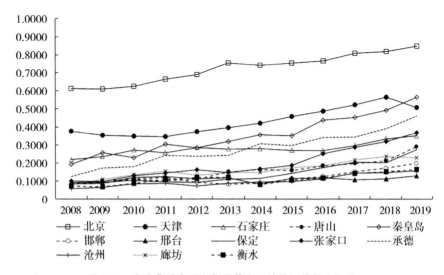

图 8-3　京津冀城市群文化承载力系统的评价得分结果

高于其他城市的总体得分；第二层为天津市和河北省的 11 个地级市，其中天津市、秦皇岛市和承德市发展较好，处于相对领先地位。处于第二层的城市特别是衡水市、沧州市和邢台市应大力发展文化产业，提高区域文化承载力系统得分的总体水平，缩小与北京市的文化承载力系统的水平差距。

第二节　经济、资源环境、文化承载力耦合协调测算及比较分析

本节研究的是经济、资源环境和文化三个子系统的耦合协调度，耦合度的计算公式为：

$$C = \left(\frac{F_1 \times F_2 \times F_3}{\left(\frac{F_1 + F_2 + F_3}{3} \right)^3} \right)^{\frac{1}{3}} \qquad （8.1）$$

经济、资源环境和文化承载力系统综合评价指数 $T = \alpha F_1 + \beta F_2 + \gamma F_3$。求解综合评价指数时，以往研究文献往往将三者赋予相同的权重进行测算，但是对于复杂程度不对等的子系统赋予严格相等权重存在不合理性，容易产生偏差。经济、资源环境和文化之间存在相互促进的关系，但均是一个复杂系统，各自发展还来自诸多方面的推动。因此三个系统之间的作用关系并不一定能确定为对等的关系，即权重并不能简单地设定为 $\frac{1}{3} : \frac{1}{3} : \frac{1}{3}$。

从上述各市三个系统的得分结果来看，得分结果并不相等，由此可以看出三个系统的发展并不一定是等量的。将经济承载力系统、资

源环境承载力系统、文化承载力系统选取的指标带入面板熵值模型，依据各指标权重汇总形成的三个子系统的指标权重之和作为耦合协调模型中耦合指数 T 协调关系的贡献度 α、β 和 γ 的取值计算依据，计算结果为 0.4678、0.1032 和 0.4290，即 $T=0.4678F_1+0.1032F_2+0.4290F_3$，其中，$F_1$ 为经济承载力发展水平，F_2 为资源环境承载力发展水平，F_3 为文化承载力发展水平。耦合协调度 $D=\sqrt{C \times T}$，其中 C 为耦合度，T 为耦合指数。

一、各市经济、资源环境、文化承载力耦合度测算

表 8-2 为京津冀城市群 13 个市三个子系统的耦合度，可知 2008—2019 年的耦合度逐年增长，并且在 2019 年的耦合度均在 0.85 以上，均已经达到高水平耦合阶段。其中北京市、天津市、石家庄市、唐山市、秦皇岛市、保定市和张家口市七个城市的经济、资源环境、文化承载力系统的耦合度更是在 0.95 以上，接近 1，与良性共振耦合阶段只有一步之遥，因此系统有较强的相关性，这也就反映出经济、资源环境、文化承载力系统存在耦合互动的发展关系，三者相互影响较大。

表 8-2 京津冀城市群各市经济、资源环境、文化承载子系统历年耦合度

城市 \ 年份	2008	2009	2010	2011	2012	2013	2014	2015	2016	2017	2018	2019
北京	0.96	0.99	0.99	0.98	0.99	0.99	0.99	0.99	0.99	0.98	0.97	0.97
天津	0.96	0.95	0.95	0.95	0.96	0.96	0.98	0.98	0.99	0.99	1.00	1.00
石家庄	0.86	0.85	0.86	0.88	0.93	0.91	0.94	0.94	0.94	0.96	0.97	0.98
唐山	0.74	0.76	0.78	0.81	0.82	0.88	0.90	0.90	0.94	0.92	0.93	0.96
秦皇岛	0.85	0.85	0.83	0.86	0.88	0.89	0.90	0.93	0.93	0.97	0.96	0.96

续表

年份城市	2008	2009	2010	2011	2012	2013	2014	2015	2016	2017	2018	2019
邯郸	0.59	0.61	0.62	0.65	0.65	0.63	0.65	0.70	0.74	0.79	0.84	0.88
邢台	0.57	0.60	0.62	0.63	0.71	0.71	0.68	0.77	0.79	0.76	0.76	0.74
保定	0.75	0.78	0.75	0.70	0.79	0.77	0.81	0.84	0.86	0.94	0.92	0.95
张家口	0.85	0.81	0.82	0.86	0.89	0.86	0.88	0.89	0.92	0.97	0.97	0.97
承德	0.65	0.71	0.77	0.79	0.84	0.88	0.89	0.90	0.90	0.92	0.94	0.93
沧州	0.68	0.66	0.70	0.75	0.78	0.76	0.79	0.81	0.88	0.88	0.89	0.90
廊坊	0.71	0.78	0.82	0.85	0.87	0.86	0.86	0.90	0.91	0.93	0.93	0.94
衡水	0.66	0.60	0.63	0.71	0.80	0.77	0.77	0.78	0.81	0.86	0.90	0.88

二、各市经济、资源环境、文化承载力耦合协调度测算

耦合度虽然反映了三个系统间的相互作用强度，但仅用耦合度模型无法完全反映系统的相关性，其并不能评价系统间相互作用的发展水平，比如经济发达地区、资源环境承载力水平高地区、文化氛围浓厚地区和经济欠发达、环境落后地区、文化有待提升地区等都可能表现出较高的耦合度，但可能处于不同水平上的耦合。为进一步对比三个系统间耦合协调的程度需进一步计算耦合协调度。基于此，接下来进一步运用耦合协调度模型分析经济、资源环境、文化承载力的耦合协调度。

为了判别京津冀城市群经济、资源环境、文化承载力的协调类型，参考由廖重斌（1999）提出的"十分法"[①]对耦合协调度评价结果进行详细的划分，将耦合协调度分为十种类型，其中耦合协调度在0—0.5为失调类型，耦合协调度在0.5—1为协调类型，具体细分见表8-3。

① 廖重斌：《环境与经济协调发展的定量评判及其分类体系——以珠江三角洲城市群为例》，《热带地理》1999年第2期。

表 8-3　耦合协调度类型划分

耦合协调度	协调类型
0—0.1	极度失调
0.1—0.2	高度失调
0.2—0.3	中度失调
0.3—0.4	轻度失调
0.4—0.5	濒临失调
0.5—0.6	勉强协调
0.6—0.7	初级协调
0.7—0.8	中级协调
0.8—0.9	良好协调
0.9—1.0	优质协调

京津冀城市群耦合协调度数据如表 8-4 所示，从中可以看出京津冀 13 个市经济、资源环境、文化承载力三个子系统的耦合协调度整体上呈现出增加的趋势。北京市的耦合协调度在京津冀城市群中处于首位，从 2008 年的 0.74 上涨到 2019 年的 0.88，平均增长率为 1.62%，并且在 2019 年的耦合协调度达到了良好协调的阶段；天津市的耦合协调度从 2008 年的 0.59 增长到 2019 年的 0.74，平均增长率为 2.06%，2019 年达到中级协调阶段。河北省的 11 个地级市在 2019 年的耦合协调度仅有秦皇岛市超过了 0.6，处于初级协调阶段；石家庄市、唐山市、承德市和廊坊市在 0.5—0.6 之间，处于勉强协调阶段，其中石家庄市的耦合协调度已经达到了 0.598；邢台市最低，耦合协调度从 2008 年的 0.22 增长到 2019 年为 0.39，年平均增长率为 5.15%，处于轻度失调阶段；邯郸市、保定市、张家口市、沧州市和衡水市虽略好于邢台市，但依旧处于濒临失调阶段，未迈入协调阶段。

表8-4　京津冀城市群各市经济、资源环境、文化承载子系统历年耦合协调度

年份城市	2008	2009	2010	2011	2012	2013	2014	2015	2016	2017	2018	2019
北京	0.74	0.74	0.76	0.79	0.80	0.83	0.83	0.84	0.85	0.86	0.87	0.88
天津	0.59	0.58	0.60	0.62	0.65	0.67	0.69	0.71	0.72	0.73	0.76	0.74
石家庄	0.40	0.41	0.45	0.46	0.48	0.49	0.51	0.51	0.52	0.56	0.58	0.60
唐山	0.32	0.34	0.37	0.37	0.39	0.44	0.46	0.46	0.49	0.50	0.52	0.57
秦皇岛	0.43	0.44	0.45	0.49	0.49	0.51	0.53	0.54	0.57	0.59	0.60	0.63
邯郸	0.26	0.27	0.30	0.32	0.31	0.31	0.32	0.35	0.37	0.40	0.43	0.45
邢台	0.22	0.25	0.29	0.29	0.29	0.30	0.29	0.33	0.34	0.35	0.38	0.39
保定	0.28	0.30	0.32	0.30	0.30	0.31	0.33	0.36	0.39	0.43	0.44	0.49
张家口	0.28	0.30	0.32	0.30	0.30	0.31	0.33	0.36	0.39	0.43	0.44	0.49
承德	0.26	0.31	0.33	0.37	0.39	0.40	0.45	0.45	0.48	0.50	0.53	0.55
沧州	0.25	0.26	0.29	0.30	0.30	0.33	0.35	0.36	0.38	0.42	0.44	0.45
廊坊	0.30	0.34	0.37	0.39	0.39	0.42	0.43	0.46	0.48	0.51	0.54	0.54
衡水	0.24	0.22	0.26	0.29	0.32	0.33	0.32	0.34	0.36	0.39	0.42	0.44

　　根据图8-4可以发现，京津冀13个市经济、资源环境、文化发展历年耦合协调度在2009—2019年整体上是逐年增长的。其中，北京市的耦合协调度最高，天津市紧随其后，其次是河北省的地级市，天津市与北京市存在较大的差距，而河北各地级市又与天津市存在一定的差距。

　　北京市耦合协调度一直优于其他城市。由图8-4可以看出2008—2019年12年间，耦合协调度总体为平稳上升的趋势，从2008年的0.7364增长到2019年的0.8788。天津市排名第二，相对北京市来说，发展水平较低，但其具有一定的前期基础。

　　2019年河北省耦合协调度最好的地级市是秦皇岛市，为0.6311，达到初级协调阶段；其次是石家庄市，为0.5984，达到勉强协调阶

段。而 2019 年邢台市的耦合协调度是京津冀中最低的，仅为 0.3869，处于轻度失调阶段。张家口市、保定市在 2019 年均在 0.49，即将达到 0.5，因此两市要加紧发展，提升短板，尽快迈入协调之列。北京市、天津市早已经达到协调阶段，而 2019 年河北省 11 个地级市中有 6 个市的耦合协调程度还未达到协调阶段，包括邯郸市、邢台市、保定市、张家口市、沧州市和衡水市，应着重注意提升综合承载力，加强各城市的协同力度。同时，河北省应进一步加强与京津地区的协同，京津地区进一步扩大辐射效应，以此推进京津冀经济、资源环境、文化承载力三个子系统相互促进，共同进步。

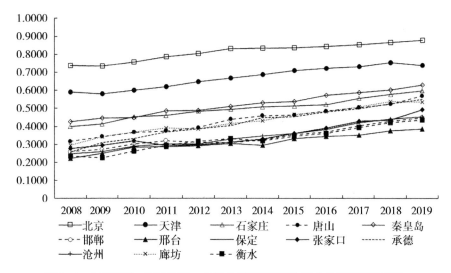

图 8-4　各市经济、资源环境、文化承载子系统历年耦合协调度发展趋势

第三节　经济、资源环境、文化承载力耦合协调的总体分析

上面两节从京津冀 13 个城市出发对经济、资源环境、文化承载

力子系统的发展水平和耦合协调度进行了分析，下面将从京津冀城市群整体出发，对经济、资源环境、文化承载力子系统的发展水平和耦合协调度进行分析。在此基础上运用泰尔指数进一步分析城市群承载力的差异根源。

一、经济、资源环境、文化承载力综合发展水平总体分析

从表 8-5 熵值得分结果看，经济承载力、资源环境承载力和文化承载力系统的京津冀整体发展水平处于上升趋势。其中经济承载力系统从 2008 年的 0.1259 增长到 2019 年的 0.3115，年平均增长率为 8.59%；资源环境承载力系统从 2008 年的 0.4071 增长到 2019 年的 0.4991，年平均增长率为 1.87%；文化承载力系统从 2008 年的 0.1690 增长到 2019 年的 0.3499，年平均增长率为 6.84%，三者相比，经济承载力系统的年均增长率快于文化承载力系统和环境承载力系统。反映出三个系统发展并非完全同步，虽然方向一致，但存在一定程度的不同步。

表 8-5　京津冀城市群经济、资源环境、文化承载系统得分结果

年份　＼　系统	经济	环境	文化
2008	0.1259	0.4071	0.1690
2009	0.1292	0.4507	0.1800
2010	0.1510	0.5039	0.1960
2011	0.1667	0.4976	0.2121
2012	0.1839	0.4630	0.2126
2013	0.1996	0.5126	0.2271
2014	0.2187	0.5107	0.2341
2015	0.2333	0.5141	0.2481

续表

系统 年份	经济	环境	文化
2016	0.2473	0.5067	0.2751
2017	0.2718	0.4948	0.2983
2018	0.2966	0.4993	0.3197
2019	0.3115	0.4991	0.3499

从图 8-5 京津冀城市群整体的经济、资源环境、文化承载力综合水平趋势可以看出，资源环境承载力得分始终是最高的，领先于其他两个承载力子系统，其次是文化承载力得分位居第二，经济承载力得分紧随其后，因此针对京津冀城市群整体来说属于经济承载力滞后型，这可能主要是因为京津冀城市群经济在规模、建设等方面差距明显。资源环境承载力系统的发展水平波动较为剧烈，没有明显的上升趋势，其中 2008—2010 年、2012—2013 年逐渐上升；2010—2012年逐渐下降；2015 年之后整体呈现出下降趋势，偶尔存在增长。经济

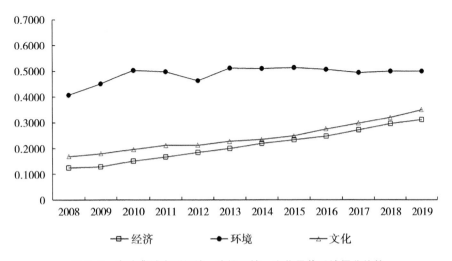

图 8-5 京津冀城市群经济、资源环境、文化承载系统得分趋势

承载力、文化承载力在 2008—2019 年总体呈现上升的趋势，并且经济、文化承载力的发展趋势与资源环境承载力的发展趋势之间的差距越来越小。这反映出三个系统逐渐朝着良好的方向发展，但三者间仍存在一定程度的差距。

二、经济、资源环境、文化承载力耦合协调度的总体分析

本节依据第二节的经济、资源环境、文化承载力得分对京津冀城市群总体的耦合协调度进行分析。如表 8-6 所示，从耦合度来看，京津冀经济、资源环境、文化承载力子系统的耦合度逐年上升，在 2019 年达到 0.9795，即处于高水平耦合阶段，表明子系统之间相互依赖、相互作用的程度较高。从综合评价指数看，京津冀 13 个市之间经济承载力、资源环境承载力和文化承载力三个系统的综合水平逐年增加，从 2009 年的 0.1734 增长到 2019 年的 0.3474，平均增长率为 6.52%。从耦合协调度来看，京津冀地区总体的耦合协调度呈现出上升的趋势，从 2008 年的 0.3901 增长到 2019 年的 0.5833，年平均增长率为 3.72%，虽然目前的耦合协调度水平偏低，但仍朝着良好的趋势发展。

与第二节中京津冀城市群 13 个市的耦合协调度进行对比可以发现，2019 年北京市、天津市、石家庄市、唐山市和秦皇岛市五个城市的耦合协调度高于城市群平均耦合协调度（平均耦合协调度为 0.56），其他城市则低于平均耦合协调度，拉低了总体的耦合协调度。这可能与河北省经济承载力和文化承载力发展相对较低，经济基础与京津地区存在一定的差距，自身的文化资源需进一步深度开发，并且与经济发展、生态环境和文化资源没有实现完全深度融合存在一定的关系。

针对这一现象，应加强京津冀之间的各项合作，逐步提高河北省自身承载力水平。

表 8-6　京津冀城市群经济、资源环境、文化承载力历年耦合协调度

年份＼变量	耦合度	T	耦合协调度
2008	0.8776	0.1734	0.3901
2009	0.8639	0.1842	0.3989
2010	0.8678	0.2067	0.4236
2011	0.8903	0.2203	0.4429
2012	0.9165	0.2250	0.4541
2013	0.9114	0.2437	0.4713
2014	0.9242	0.2555	0.4859
2015	0.9338	0.2686	0.5009
2016	0.9488	0.2860	0.5209
2017	0.9644	0.3062	0.5434
2018	0.9728	0.3274	0.5644
2019	0.9795	0.3474	0.5833

　　根据图 8-6 可以发现，京津冀总体经济、资源环境、文化承载力系统历年耦合度十分平稳，一直接近于 1，表明三者之间具有密切的关系。在 2008—2009 年的耦合度略微下降；2009—2019 年综合评价指数和耦合协调度呈缓慢上升的趋势。其中，2008—2009 年的耦合协调度为轻度失调阶段，2010—2014 年处于濒临失调阶段，2015—2019 年京津冀城市群终于迈入协调阶段，为勉强协调。这显示了京津冀城市群经济、资源环境、文化承载力的耦合协调不断推进，应结合现有的经验，资源共享，将资源由集聚方向匮乏方移动，优势互补。

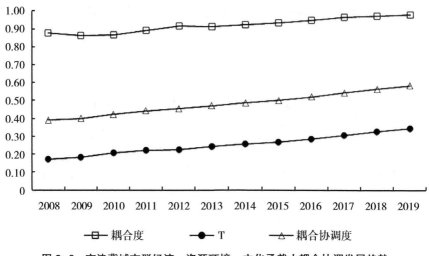

图 8-6　京津冀城市群经济、资源环境、文化承载力耦合协调发展趋势

三、经济、资源环境、文化承载力耦合协调度区域差异分析

（一）泰尔指数的原理

泰尔指数可以衡量个体或不同地区之间的差距，可以衡量研究对象空间上的不均等程度，也可以用来反映区域之间的差异状态。泰尔指数越小，区域之间的差异越小；反之泰尔指数越高，区域之间的差异越大。参考徐维祥等（2022），潘桔、郑红玲（2021），黄晶等（2020）等学者的文献，本书通过泰尔指数对京津冀城市群经济、资源环境、文化承载力子系统的耦合协调度进行深入分析，整体上测度区域间的动态差异，从而准确反映各区域之间及区域内部耦合协调度的差异程度，以此探究京津冀区域整体上的耦合协调差异的具体根源。[①] 具

---

　　① 徐维祥、陈希琳、周建平、刘程军、郑金辉：《新型和传统基础设施建设耦合协调：时空格局、地区差异与驱动因子》，《工业技术经济》2022 年第 1 期。潘桔、郑红玲：《区域经济高质量发展差异的时空演变特征》，《统计与决策》2021 年第 24 期。黄晶、薛东前、代兰海：《农产品主产区村镇建设资源环境承载力空间分异及影响因素——以甘肃省临泽县为例》，《资源科学》2020 年第 7 期。

体公式如下：

$$T = \frac{1}{n}\sum_{a=1}^{n}\frac{D_a}{\overline{D}}\ln\frac{D_a}{\overline{D}} \tag{8.2}$$

进一步分解为直接以组间泰尔指数和组内泰尔指数的加权求和，具体公式为：

$$T = T_B + T_W \tag{8.3}$$

$$T_B = \sum_{a=1}^{n}\frac{D_a}{D}\ln\frac{D_a/D}{P_a/P} \tag{8.4}$$

$$T_W = \sum_{a=1}^{n}\frac{D_a}{D}\left(\sum_{b=1}^{n}\frac{D_{ab}}{D_a}\ln\frac{D_{ab}/D_a}{1/P_a}\right) \tag{8.5}$$

其中，某区域的组内泰尔指数的公式为：

$$T_{Wa} = \sum_{b=1}^{n}\frac{D_{ab}}{D_a}\ln\frac{D_{ab}/D_a}{1/P_a} \tag{8.6}$$

其中，T 为泰尔指数；T_B 为组间泰尔指数即京津冀三地之间耦合协调度的差异；T_{Wa} 为组内泰尔指数即第 a 区域内城市间耦合协调度的差异；n 为区域数，即 $n=3$；$\overline{D}$ 为京津冀耦合协调度的平均值；D_a 为第 a 区域的耦合协调度；D_{ab} 为第 a 区域中的第 b 市的耦合协调度；P 为京津冀的城市数，即 $P=13$；P_a 为第 a 区域的城市数。

（二）经济、资源环境、文化承载力耦合协调度区域差异分析

对京津冀的耦合协调度的差距采用泰尔指数进行计算分析。泰尔指数的值越大表明经济、资源环境、文化承载力的耦合协调度差异越大；反之，则越小。如表 8-7 所示，从 2008—2019 年泰尔指数的变化趋势来看，京津冀总体泰尔指数在逐年下降，由 2008 年的 0.0635 降低到 2019 年的 0.0239，体现了在协同发展背景下京津冀 13 个城市间经济、资源环境、文化承载力的耦合协调度的差距呈缩

小态势，发展趋势良好。同时，河北省组内泰尔指数也呈现出逐年下降的趋势，由 2008 年的 0.0215 下降到 2019 年的 0.0099，说明河北省内部的经济、资源环境、文化承载力的耦合协调度差距正在逐渐缩小，但是数值较低且变化较为平缓，说明河北省内城市的耦合协调度较为均衡，差距不大。

表 8-7　京津冀耦合协调度泰尔指数及其分解

年份 \ 指数	泰尔指数	河北省组内泰尔指数
2008	0.0635	0.0215
2009	0.0549	0.0207
2010	0.0486	0.0151
2011	0.0493	0.0176
2012	0.0493	0.0185
2013	0.0475	0.0188
2014	0.0439	0.0206
2015	0.0392	0.0144
2016	0.0350	0.0137
2017	0.0303	0.0116
2018	0.0277	0.0105
2019	0.0239	0.0099

由泰尔指数变化的折线图可知，虽然京津冀整体上泰尔指数和河北省组内泰尔指数均呈现下降的趋势，但总体上泰尔指数远远大于河北省组内泰尔指数，表明整体上的耦合协调度差距更多地来源于河北省与北京市、天津市三地的组间差距。加快破解制约京津冀三地之间协同发展的障碍至关重要，对此可以通过优化区域的产业分工和空间布局，推进资源共建共享，有序疏解北京非首都功能，高标准

推进京津冀协同发展，进一步优化京津冀城市群优势互补的协同发展路径。

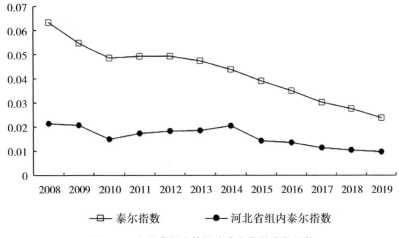

图 8-7 京津冀耦合协调度泰尔指数变化趋势

第九章　京津冀城市群综合承载力空间分析

　　加强城市之间的关联，推进城市群的发展有助于形成紧密协同的区域发展增长极，优化城市空间上的布局。从第七章综合承载力的测度结果可以看出，各城市承载力在空间上具有明显的差异，具有空间分异特征，基于此进一步分析城市间的关联，以此为依据加强承载力城市间优势互补，对于城市群整体综合承载力提升具有重要意义。随着城市的快速发展，城市间的关联日益纷繁复杂，加强城市群的关联与正向外溢效应，推进协同发展的重要性也愈加凸显。《中共中央关于制定国民经济和社会发展第十四个五年规划和二〇三五年远景目标的建议》[①]中指出"发挥中心城市和城市群带动作用，建设现代化都市圈"。因此，因此合理测度城市群之间的关联对于进一步提升城市群整体综合承载力，推进协同发展具有重要意义。

第一节　综合承载力空间研究的演进

　　城市的发展和城市空间密不可分，空间布局很大程度上影响了自

[①] 《中共中央关于制定国民经济和社会发展第十四个五年规划和二〇三五年远景目标的建议》，《人民日报》2020年11月4日。

然资源条件对城市发展的保障、约束和居民城市生活质量，通过城市空间的合理布局，合理安排，从而有效地保障城市的发展。

一、基于空间分析的综合承载力研究的重要性与意义

近年来我国经济、文化等各领域快速发展，受益于经济发展，城镇化率不断提高，特别是进入 21 世纪后，我国城镇化水平继续蓬勃发展，城市成为我国居民生活、生产的非常重要的场所。随着城镇化率的提高，大型城市、特大型城市如雨后春笋般相继涌现，而这些大型、特大型城市的发展，受到要素禀赋差异的影响，容易出现要素集聚的区域差异。

京津冀城市群区位优势明显，是北方经济的重要核心区和引领区，京津冀协同发展战略提出以来，京津冀三地在交通、产业转移、环境协同治理等方面的协同发展成绩显著，城市间分工协作能力快速提升。长期以来，京津冀城市群中北京、天津两市经济发展突出，形成强大的集聚作用，但北京市、天津市与河北省三地经济发展水平还存在较为明显的差距。区域经济发展的差异对综合承载力具有重要影响，如经济发展较快的地区经济承载力一般也较高，与其联系密切的地区经济承载力一般会受其经济发展的带动，因此优化经济发展较快地区的综合承载力，提升其经济承载力，加强其与周边地区的双向引力，对于提升相关地区的综合承载力具有良好的空间效应。由此，以空间分析为基础进一步探索提升综合承载力的路径，对于京津冀城市群整体协同发展具有重要意义。

然而城市群内也存在城市间发展不平衡、辐射带动与关联能力亟须提升等问题。郝寿义（2016）认为区域性要素差异是造成区域经济

不平衡发展的重要原因之一。① 因此，在建设京津冀世界级城市群的背景下，科学测度城市群的空间关联与辐射程度，定位城市群发展的短板并有针对性地提出加强城市群协同发展的对策，对于掌握京津冀城市群协同发展现状，推进区域产业协同、科技创新，提升人才和科技的外溢效应以及促进京津冀区域经济发展和京津冀高质量发展都具有重要意义。

二、综合承载力空间研究的演进

开展经济空间结构研究是了解某地区经济发展状况及其演变趋势的有效手段（齐梦溪等，2018），关于经济空间结构的研究主要聚焦于开展对城市群空间关联特征的研究、在某一特定地理区域内不断发展的空间关联的测度方法。

首先，城市的空间关联展现出复杂性、动态性等特征。蒋奕廷、蒲波（2017）运用引力模型测算了成渝城市群各城市与成都市、重庆市两市间的经济引力，认为城市间的地理距离与其经济距离并不存在必然的相关性。城市群的空间关联往往还表现出空间聚集性，如刘典、蔺雪芹（2020）发现研究期间内京津冀地区的经济发展具有空间集聚特征，但程度有所减弱。

其次，城市群空间关联的测度方法也在不断丰富，如以往文献中采用对城市群的空间联系网络结构进行测度和分析的社会网络分析法（吴志才等，2020），包含全局和局部自相关模拟的空间自相关性分析法（刘典、蔺雪芹，2020），空间引力模型及改进的引力模型（刘

---

① 郝寿义：《区域经济学原理》第二版，格致出版社、上海三联书店、上海人民出版社2016年版，第211页。

程军等，2020）等。其中通过改进的引力模型能够进一步反映城市发展定位和空间联系结构，其有效地反映要素在城市群中的动态流动所产生空间上的网络结构关系及引力强度。在研究区域和视角方面，城市群成为广泛关注的研究视角，如京津冀城市群（赵金丽等，2018）、粤港澳（彭芳梅，2017），以及省域视角（刘荣增，2017）和流域视角（孙久文，2022）等。

纵观以往研究，引力模型被广泛应用于城市群空间联系研究中，但很多引力模型中距离的计算基于两地的直线距离和公路里程，难以全面反映城市间的空间距离。传统的地理距离已经不是决定城市距离的唯一或主要因素（蒋奕廷、蒲波，2017），还应将最短交通距离和最短时间成本充分纳入两地经济距离测算模型，并且充分考虑和单独核算不同交通方式下的距离。其次，基于引力差视角展开的京津冀城市群承载力空间联系结构研究还比较少。因此，本章运用改进的引力模型，将地理距离与高速公路、铁路和高速铁路的最短时间成本相结合，计算城市间的空间距离，运用 2008—2019 年京津冀 13 个城市的数据，对京津冀各城市的引力值进行测算，并运用 SPSS 软件对引力差展开聚类分析，以此探究京津冀城市群的空间关联结构，为界定各城市的发展优势与短板，依据功能定位合理布局城市群空间结构提供参考。

第二节　引力模型指标测算及分析

为了对京津冀城市群 13 个城市之间的经济联系强度进行深入分析，采用第四章介绍的京津冀城市群引力模型进行计算，得到京津冀城市群之间的空间经济引力。本书原始数据来源于相关年度的《北京统计年鉴》《天津统计年鉴》《河北经济年鉴》《河北统计年鉴》《中国城市统计年鉴》《河北农村统计年鉴》《中国统计年鉴》《中国城市建设统计年鉴》、河北各市统计年鉴以及各城市国民经济和社会发展统计公报、Wind 数据库、国家统计局网站、河北统计局网站、百度地图网站、铁路 12306 网站等，部分缺失数据进行插补处理。

一、综合发展质量

依据第六章构建的综合指标体系，首先以年为层面，运用熵值法计算得到各城市某年发展水平综合得分，进而逐年计算并汇总整理得到 2008—2019 年京津冀城市群各城市综合发展水平得分，如表 9-1 所示。从空间角度看，京津冀城市群各城市综合发展水平具有明显差异，核心城市优势很大，主要体现在以下两方面：一方面，天津市及河北省各城市的综合发展质量与北京市存在较大的差距，且河北省各城市与天津市也存在较大差距。在京津冀 13 个城市中北京市的综合发展水平最高，天津市位居第二，整体上看邢台市综合发展水平最低，2008—2019 年北京市和天津市、邢台市的平均值差分别为 0.1443、0.2532，这一差距大于河北省任一城市的平均值。另一方面，河北省内各城市之间也存在一定差距，其中秦皇岛市得分最高，石家庄市、唐山市以及廊坊市等地的综合发展水平相对较高，衡水市、邢台市和沧州市相对较低。整体来看，京津冀城市群呈现出明显的发展不均衡。

表 9-1　京津冀城市群综合发展质量

城市＼年份	2008	2009	2010	2011	2012	2013
北京	0.3304	0.3204	0.3121	0.3054	0.2968	0.2727
天津	0.1597	0.1586	0.1499	0.1409	0.1446	0.1412
石家庄	0.0624	0.0616	0.0652	0.0678	0.0706	0.0716
唐山	0.0658	0.0682	0.0694	0.0680	0.0710	0.0725
秦皇岛	0.0802	0.0817	0.0696	0.0841	0.0731	0.0775
邯郸	0.0409	0.0384	0.0424	0.0422	0.0456	0.0457
邢台	0.0329	0.0345	0.0357	0.0347	0.0372	0.0375
保定	0.0365	0.0390	0.0440	0.0403	0.0454	0.0504
张家口	0.0390	0.0391	0.0412	0.0462	0.0444	0.0441
承德	0.0419	0.0447	0.0461	0.0476	0.0492	0.0531
沧州	0.0339	0.0350	0.0375	0.0376	0.0357	0.0379
廊坊	0.0468	0.0490	0.0539	0.0518	0.0503	0.0564
衡水	0.0296	0.0296	0.0330	0.0336	0.0361	0.0393
城市＼年份	2014	2015	2016	2017	2018	2019
北京	0.2816	0.2816	0.2788	0.2725	0.2598	0.2616
天津	0.1426	0.1450	0.1401	0.1382	0.1436	0.1383
石家庄	0.0726	0.0769	0.0700	0.0722	0.0738	0.0734
唐山	0.0675	0.0641	0.0672	0.0649	0.0650	0.0666
秦皇岛	0.0760	0.0733	0.0776	0.0754	0.0736	0.0743
邯郸	0.0447	0.0446	0.0429	0.0467	0.0473	0.0472
邢台	0.0358	0.0353	0.0371	0.0378	0.0380	0.0383
保定	0.0476	0.0504	0.0532	0.0547	0.0563	0.0610
张家口	0.0448	0.0461	0.0457	0.0518	0.0531	0.0515
承德	0.0550	0.0516	0.0499	0.0504	0.0519	0.0508
沧州	0.0392	0.0385	0.0401	0.0396	0.0422	0.0432
廊坊	0.0576	0.0564	0.0603	0.0561	0.0549	0.0529
衡水	0.0350	0.0363	0.0373	0.0396	0.0405	0.0410

随着京津冀协同发展的逐渐深入，虽然河北省与京津两市的综合发展水平还存在较大差距，但疏解北京市非首都核心功能、优化城市布局和空间结构发展取得很好的成绩。从时间趋势来看，京津冀城市群整体的发展质量较为稳定，如图9-1所示。北京市的综合发展质量维持在 0.25 以上，整体呈现下降趋势，2013 年前下降趋势显著，近几年下降趋势有所放缓。天津市的综合发展质量整体围绕在 0.15 左右，稍有降低，但幅度不大。石家庄市、唐山市、邯郸市、邢台市、保定市、张家口市、承德市、沧州市、廊坊市、衡水市的综合发展质量均有所提高。

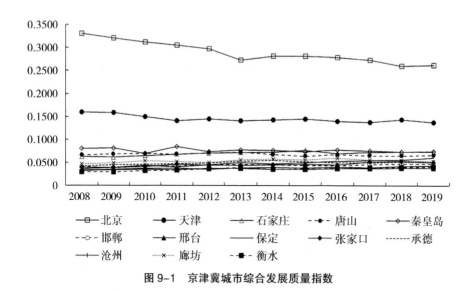

图9-1　京津冀城市综合发展质量指数

二、引力系数

城市与城市之间在经济发展状况、基础设施建设、城市建设、科技发展水平等诸多方面随空间经济距离的不同而有不同的影响程度。因此，城市与城市之间的紧密程度也不一定是对称的，这种不对称性在本书中主要通过引力系数 K 表现出来。在计算引力系数的过程中会受该城市综合发展水平的影响，当 i 城市的综合发展质量高于 j 城市时，i 城市的引力系数 K_i 大于 j 城市的引力系数，进而 i 城市对 j 城市的引力值 F_{ij} 与 j 城市对 i 城市的引力值 F_{ij} 会有所不同，K 的具体公式如下：

i 城市对 j 城市的引力系数：

$$K_i = \frac{M_i}{M_i + M_j} \tag{9.1}$$

j 城市对 i 城市的引力系数：

$$K_j = \frac{M_j}{M_i + M_j} \tag{9.2}$$

经计算，京津冀城市群各城市 2008—2019 年的引力系数变化较小，而城市间的空间差异较大，本书对 2019 各城市的空间差异进行了深入分析，如表 9-2 所示。北京市对于京津冀其他城市的引力系数普遍较高，对于河北省邢台市的引力系数达到了 0.85 以上；而其他城市对于北京市的引力系数较小，河北省对北京市的平均引力系数仅有 0.17。天津市对于河北省各城市的引力系数均在 0.65 以上，对于邢台市、衡水市、沧州市的引力系数达到了 0.75 以上；河北省各城市对于天津市的引力系数围绕在 0.30 左右。

表 9-2　2019 年京津冀各城市之间引力系数

城市＼城市	北京	天津	石家庄	唐山	秦皇岛	邯郸	邢台
北京	0.5	0.6542	0.7808	0.7971	0.7789	0.8472	0.8722
天津	0.3458	0.5	0.6531	0.6749	0.6506	0.7457	0.7830
石家庄	0.2192	0.3469	0.5	0.5244	0.4972	0.6089	0.6571
唐山	0.2029	0.3251	0.4756	0.5	0.4728	0.5854	0.6348

续表

城市＼城市	北京	天津	石家庄	唐山	秦皇岛	邯郸	邢台
秦皇岛	0.2211	0.3494	0.5028	0.5272	0.5	0.6116	0.6597
邯郸	0.1528	0.2543	0.3911	0.4146	0.3884	0.5	0.5517
邢台	0.1278	0.2170	0.3429	0.3652	0.3403	0.4483	0.5
保定	0.1891	0.3062	0.4538	0.4781	0.4510	0.5641	0.6143
张家口	0.1644	0.2713	0.4121	0.4360	0.4094	0.5219	0.5733
承德	0.1625	0.2685	0.4087	0.4325	0.4060	0.5183	0.5698
沧州	0.1416	0.2379	0.3702	0.3932	0.3675	0.4778	0.5297
廊坊	0.1682	0.2767	0.4187	0.4427	0.4160	0.5287	0.5799
衡水	0.1356	0.2289	0.3586	0.3813	0.3559	0.4653	0.5172

城市＼城市	保定	张家口	承德	沧州	廊坊	衡水
北京	0.8109	0.8356	0.8375	0.8584	0.8318	0.8644
天津	0.6938	0.7287	0.7315	0.7621	0.7233	0.7711
石家庄	0.5462	0.5879	0.5913	0.6298	0.5813	0.6414
唐山	0.5219	0.5640	0.5675	0.6068	0.5573	0.6187
秦皇岛	0.5490	0.5906	0.5940	0.6325	0.5840	0.6441
邯郸	0.4359	0.4781	0.4817	0.5222	0.4713	0.5347
邢台	0.3857	0.4267	0.4302	0.4703	0.4201	0.4828
保定	0.5	0.5424	0.5459	0.5857	0.5356	0.5978
张家口	0.4576	0.5	0.5035	0.5440	0.4932	0.5564
承德	0.4541	0.4965	0.5	0.5404	0.4896	0.5529
沧州	0.4143	0.4560	0.4596	0.5	0.4493	0.5125
廊坊	0.4644	0.5068	0.5104	0.5507	0.5	0.5631
衡水	0.4022	0.4436	0.4471	0.4875	0.4369	0.5

三、经济距离

本书将主要交通工具的最短时间成本作为重要变量，统筹地理距离和时间距离得到引力经济距离。采用城市之间的直线距离作为地理

距离 d_{ij}，用城市间高速公路 O_{ij}、铁路 p_{ij} 以及高速铁路 q_{ij} 最短时间成本的几何平均数来模拟时间距离 t_{ij}，进而计算出京津冀城市群各城市之间的引力经济距离 t_{ij}。交通工具往返两个城市间的速度存在不一致的情况，导致了城市间经济距离的差异，经计算，得到经济距离矩阵如表 9-3 所示。

表 9-3　京津冀各城市之间的经济距离

单位：千米·小时

城市＼城市	北京	天津	石家庄	唐山	秦皇岛	邯郸	邢台
北京		12.0834	23.7155	16.1198	26.9269	35.8674	33.2349
天津	12.3436		25.9548	11.4322	27.4137	36.0967	34.2720
石家庄	24.0450	25.6490		33.6919	47.5063	13.3982	13.4902
唐山	16.6645	13.1389	36.6860		12.1037	47.7647	45.2478
秦皇岛	28.4289	27.3606	48.8727	12.3674		61.1269	58.4157
邯郸	36.6809	35.8771	13.6597	43.1121	58.2435		5.0583
邢台	33.6472	33.9070	13.8482	42.7606	57.2075	5.2819	
保定	13.7223	15.8740	11.7390	25.5265	38.8452	23.9375	20.5435
张家口	18.0973	37.8953	40.5460	41.5276	51.8117	58.2289	53.1073
承德	21.0441	29.1762	51.2926	20.3568	22.9143	71.6609	67.4280
沧州	18.7948	8.8536	26.3424	18.8483	31.6396	36.3559	29.3323
廊坊	5.6666	7.4504	28.0929	14.7157	29.0388	35.8818	37.7889
衡水	26.0473	23.5614	10.4214	35.6852	49.9566	19.1907	14.9444

城市＼城市	保定	张家口	承德	沧州	廊坊	衡水
北京	13.3080	19.0591	21.3322	18.2433	5.8760	25.9156
天津	16.3631	38.3371	29.1762	8.4524	6.8935	23.6334
石家庄	11.5454	40.6266	52.3897	26.0440	28.7228	10.5065
唐山	27.0458	40.7741	20.3568	19.5894	16.2731	35.3997
秦皇岛	40.5483	53.3159	22.9143	31.9410	29.7450	49.1905
邯郸	23.5983	54.0204	73.0876	36.3800	35.8818	19.5529

续表

城市＼城市	保定	张家口	承德	沧州	廊坊	衡水
邢台	20.3707	51.9182	68.9393	33.1024	37.7889	16.1968
保定		31.4809	40.4642	17.2974	17.3580	16.0665
张家口	31.7871		34.9571	40.8538	29.7917	44.4551
承德	44.7810	34.9571		38.6415	26.4638	49.4604
沧州	17.2974	40.8538	38.6415		13.4130	16.3231
廊坊	18.2870	29.3844	26.4638	13.8592		24.4847
衡水	16.0665	46.8741	49.4604	15.2315	24.4847	

　　北京市在京津冀城市群中占据核心位置，与其他城市之间的总经济距离最短为 251.7 千米·小时；天津市、廊坊市、保定市次之，与其他城市的总经济距离分别为 270.4 千米·小时、271.1 千米·小时、272.9 千米·小时，是京津冀城市群中的经济交通次中心。沧州市、石家庄市、唐山市、衡水市的经济距离处于京津冀城市群的中位，分别为 296.7 千米·小时、327.6 千米·小时、331.0 千米·小时、331.9 千米·小时。位于城市群北部的张家口市、承德市，东部的秦皇岛市以及南部的邯郸市、邢台市与其他城市的经济距离较长，分别为 483.1 千米·小时、478.2 千米·小时、464.2 千米·小时、435.2 千米·小时、415.0 千米·小时。由此可见，京津冀城市群在整个空间上的经济距离以北京市为主要核心，天津市、廊坊市、保定市为次级核心逐步向外围辐射的空间效果。

　　总体来看，除了与京津两市之间的经济距离差距较大以外，河北省内城市之间的经济距离也存在较大差距。如冀中城市廊坊市、保定市、沧州市等与其他城市之间的经济距离均低于 300 千米·小时，而处于河北边缘城市的张家口市、承德市、秦皇岛市等与其他城市之间的经济距离则高于 450 千米·小时以上。

第三节　综合承载力空间引力模型结果与分析

一、静态视角下的京津冀城市群各城市引力

根据引力模型计算方法和熵值法计算出的京津冀城市群各城市的综合发展水平以及京津冀城市群各城市之间的经济距离，对各城市对外引力和来自外部的引力进行计算，得到京津冀城市群各城市 2019年的引力值矩阵，结果如表 9-4 所示。

表 9-4　基于改进引力模型下 2019 年京津冀城市群各城市引力矩阵

城市＼城市	北京	天津	石家庄	唐山	秦皇岛	邯郸	邢台
北京		1620.5867	266.6780	534.3803	208.6981	81.2482	79.1506
天津	820.8905		98.4443	475.5405	88.8997	37.3191	35.3198
石家庄	72.8257	53.5366		22.5932	12.0148	117.4793	101.6026
唐山	127.3028	173.4042	17.2820		159.6218	8.0596	7.9121
秦皇岛	53.1597	47.9380	11.4818	170.5025		5.7337	5.5016
邯郸	14.0060	12.8853	72.5879	7.0058	4.0103		389.6872
邢台	11.3119	9.9998	50.3100	5.0972	2.9595	290.3732	
保定	160.3383	102.5229	147.5746	29.8208	13.5465	28.3289	34.0320
张家口	67.6133	13.4480	9.4770	8.6676	5.8309	3.7371	4.0097
承德	48.7170	22.1364	5.7897	35.2779	29.1448	2.4161	2.4374
沧州	45.2617	181.0965	16.9061	31.8136	11.7681	7.3584	10.1813
廊坊	724.9277	364.6492	20.6113	72.0214	19.3820	10.2447	8.2322
衡水	21.4658	23.4033	99.5145	8.1859	4.3482	24.4609	36.4241

城市 \ 城市	保定	张家口	承德	沧州	廊坊	衡水	总引力
北京	730.8051	309.7593	244.3444	291.1704	3333.6832	138.1894	730.8051
天津	218.6344	35.2921	60.3058	636.5774	1113.3090	78.3558	218.6344
石家庄	183.6028	13.4648	8.0296	29.4286	27.3702	175.1588	183.6028
唐山	28.9925	11.6312	46.2901	45.4483	74.1454	13.4964	28.9925
秦皇岛	15.1323	7.9443	42.6487	19.8716	25.9350	8.1146	15.1323
邯郸	22.5290	3.9778	2.1583	8.0304	9.1333	27.0728	22.5290
邢台	21.7345	3.1227	1.7604	7.0977	5.9628	28.9467	21.7345
保定		17.1927	10.3262	51.5555	57.3866	58.0104	
张家口	14.2266		10.7668	7.2412	15.1332	5.9491	14.2266
承德	7.0129	10.6151		7.9284	18.7724	4.7084	7.0129
沧州	36.4637	6.0706	6.7417		57.0165	34.0774	36.4637
廊坊	44.8242	15.9849	19.5661	65.4595		20.3955	44.8242
衡水	39.0227	4.2666	3.8079	37.2228	15.8256		39.0227

在引力矩阵中，横向代表城市 i 对城市 j 的引力值，如第一行表示北京市对天津市、石家庄市、唐山市等城市的引力，第一列表示天津市、石家庄市、唐山市等城市对北京市的引力。整体来看，京津冀城市群中各城市的总引力值悬殊，其中北京市的总引力值最大为7838.69，是京津冀城市群中明显的引力核心。天津市有港口优势，融资能力强，2019 年的总引力值为 3698.89，与北京市构成京津发展轴。河北省各市总引力值与京津两市相差悬殊，京津两市对河北省各城市的引力作用大于河北省内城市对京津两市的引力，总引力值最小的张家口市与北京市相差 7672.59，河北省 11 个地级市的总引力值之和仍低于北京市，其中廊坊市、石家庄市、唐山市、保定市总引力值相对较大，张家口市、承德市相对较小。从空间上看，北京市、天津市、

廊坊市之间以及邯郸市和邢台市之间的相互引力值很大，形成区域性引力高值区。

由表 9-4 还可发现，城市间的正向和反向引力值往往不同，甚至存在较大差距，主要是由于引力系数 K 和经济距离 D 的值不同，引力系数 K 由两地的综合发展水平所决定，即两地综合发展水平差距越大，则两地间的引力值差距越大，当且仅当两地综合发展水平相同时，两地间的引力值相同；经济距离 D 由两地交通便利程度决定，因此以经济水平、社会保障、科技文化、城市建设、生态环境和交通发展状况等方面所代表的城市综合发展水平在引力矩阵中具有关键作用。

二、动态视角下的京津冀城市群各城市引力

（一）京津冀城市群各城市空间总引力变化

基于改进的引力模型得到 2008—2019 年京津冀城市群各城市的引力值，结果显示北京市、天津市的总引力依然处于绝对领先地位，各城市总引力整体呈现窄幅波动，其中，北京市、天津市和秦皇岛市、邢台市的总引力值有所下降，其他地区的总引力值均有所上升。在引力值下降的城市中，北京市和天津市总引力值下降幅度最大；引力值上升的城市中，保定市和衡水市上涨幅度最大，分别为 140.78% 和 83.25%，具体如表 9-5 所示。

表 9-5　基于改进引力模型的 2008—2019 年京津冀城市群各城市总引力值

年份 城市	2008	2009	2010	2011	2012	2013
北京	9482.8437	9372.1098	9446.6495	9011.2641	8727.7875	8314.8886
天津	4181.4676	4219.8205	4046.8217	3682.9071	3792.2818	3804.8291

续表

城市＼年份	2008	2009	2010	2011	2012	2013
石家庄	562.2712	557.1504	631.4690	660.1392	725.2482	761.9815
唐山	688.2440	735.0705	748.4779	735.4680	776.8053	816.4651
秦皇岛	448.3795	468.0651	372.0836	491.3922	404.0334	448.1281
邯郸	425.0109	395.2858	467.6538	459.0990	532.3316	539.4095
邢台	321.4164	340.5392	373.2075	356.5410	409.8297	418.1659
保定	295.1359	330.1228	409.5388	354.1496	434.1435	520.9206
张家口	100.4132	101.5615	112.5942	135.7931	127.6149	127.5896
承德	139.1892	156.2075	164.8533	174.9756	183.7617	210.5355
沧州	287.3738	304.3839	345.4487	344.6166	319.2442	357.7483
廊坊	1125.4954	1222.9417	1441.5696	1338.4346	1274.2107	1547.8861
衡水	173.5010	174.4746	213.2550	219.0506	250.3488	290.4674
城市＼年份	2014	2015	2016	2017	2018	2019
北京	8656.5234	8613.3370	8729.6638	8307.3299	7862.3769	7838.6936
天津	3858.6616	3911.1698	3825.6925	3688.8551	3892.6783	3698.8884
石家庄	754.7437	827.6275	732.3029	780.9547	814.5554	817.1070
唐山	730.0951	669.4825	727.6548	685.7172	688.0176	713.5864
秦皇岛	429.1740	401.1096	441.5534	419.8974	407.0167	413.9638
邯郸	511.8706	509.5212	488.3270	558.9939	573.4027	573.0841
邢台	384.6441	376.6351	402.3877	426.0231	432.5034	438.6763
保定	473.2121	520.0260	566.6929	594.8515	626.1170	710.6355
张家口	130.8935	137.0964	135.6959	167.5728	174.7094	166.1006
承德	221.5894	199.1816	189.9861	192.4654	201.8731	194.9564
沧州	376.2898	365.0579	392.2703	384.3924	428.5887	444.7556
廊坊	1606.6889	1552.0799	1738.4038	1534.6634	1476.7831	1386.2986
衡水	239.9001	256.4923	267.4042	295.9952	310.1953	317.9481

从绝对引力值上看，研究期间 13 个城市中，上升幅度最大的为保定市，下降幅度最大的为北京市，下降幅度为 17.34%，13 个城市的引力值最大差距呈现先下降后上升再趋于平稳的变化趋势，在 2008 年差距达到最大值，为 9382.43，在 2019 年下降至最小值 7672.59，整体排名最后的张家口市上涨趋势明显，排名较为靠后的保定市贡献了最大涨幅，这有助于缩小城市群内部引力之间的差距，推动京津冀协同发展。

（二）各城市总引力值变化

1. 北京市总引力值变化

从图 9-2 可以看到，虽然在 2013 年以后北京市的总引力值略有波动，总引力值整体呈现下降趋势，2019 年北京市对外总引力值只有 2008 年的 82.66%，这是我国由高速发展向高质量均衡发展的结果，同时也是京津冀协同发展效果的显现，天津市、河北省两地总体发展水平有所提高，北京市对其他城市引力系数变小。

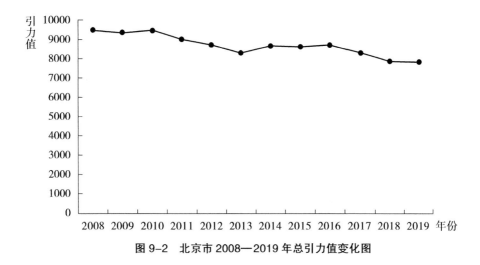

图 9-2　北京市 2008—2019 年总引力值变化图

2. 天津市总引力值变化

从图 9-3 可以看出：2008—2019 年天津市对其他城市总的引力值波动较大，特别是 2011 年，下跌幅度很大，下降了 363.91，下降幅度达到 9%。此后四年虽然有所上升，但是上升幅度没有 2015 年和 2016 年的降幅大，由此使得 2011 年成为天津市对外引力值最小的年份；研究期间内天津市对外总引力值下降了 11.54%。

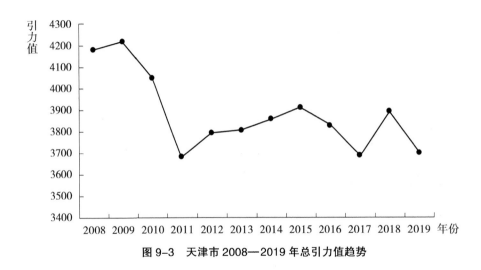

图 9-3　天津市 2008—2019 年总引力值趋势

3. 石家庄市总引力值变化

石家庄市作为河北省会，是河北省综合发展较好的城市，综合发展质量不断提高，从图 9-4 可以看出，石家庄市在研究期间虽然对外总引力值远低于北京、天津两市，但是石家庄市的总引力值整体呈现上升趋势，仅有个别年份出现下滑，总体来看，研究期间内石家庄市对外引力值提高了 45.32%。

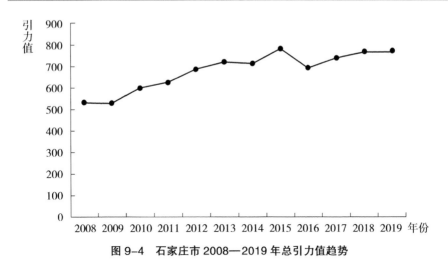

图 9-4 石家庄市 2008—2019 年总引力值趋势

4. 唐山市总引力值变化

从图 9-5 看，唐山市综合引力值在研究期间虽有浮动，但整体较为平稳。引力值最大的年份是 2013 年，为 816.47，最小值为 2015 年的 669.48，整个研究期内引力值上涨了 3.68%。

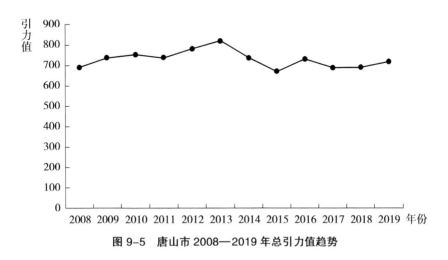

图 9-5 唐山市 2008—2019 年总引力值趋势

5. 秦皇岛市总引力值变化

如图 9-6 所示，秦皇岛市对外引力值是在波动变化的，在研究初期波动较为强烈，研究后期趋于平稳；从数值上看研究末期比研究初期下降7.68%。

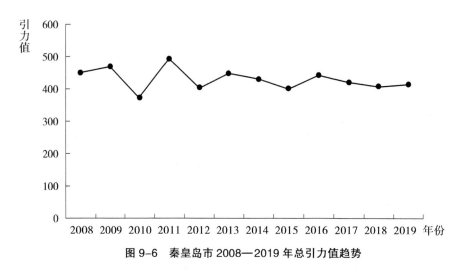

图9-6　秦皇岛市2008—2019年总引力值趋势

6.邯郸市总引力值变化

如图9-7所示，在研究期间内邯郸市对外总引力值有两次大幅增加，分别是2010年和2017年；最低点出现在2009年，为395.29，

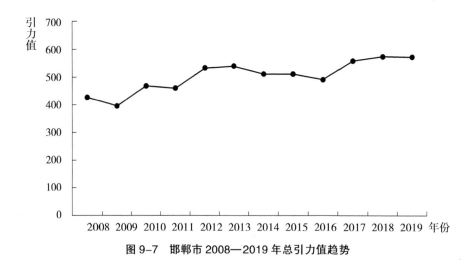

图9-7　邯郸市2008—2019年总引力值趋势

最高点是 2019 年，引力值为 582.48，较初期增长 34.84%。

7. 邢台市总引力值变化

如图 9-8 所示，邢台市对外总引力值同邯郸市类似，2018 年之前整体处于上升态势，但是邢台市总引力值较低，是研究期内京津冀 13 个城市中较低的几个城市之一，最高点是 2018 年的 432.50。2019 年则出现小幅度下滑，引力值为 428.09，较期初增加了 36.48%。

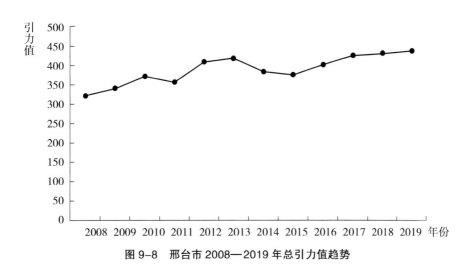

图 9-8　邢台市 2008—2019 年总引力值趋势

8. 保定市总引力值变化

如图 9-9 所示，保定市对外总引力值整体处于快速上升趋势，保定市 2008 年总引力值 295.14，经过 12 年的发展，2019 年增长到了 710.64，是期初的 2.41 倍，也是京津冀城市群中总引力值增长幅度最大的城市，可以看出保定市综合发展水平在研究期内得到快速提升。

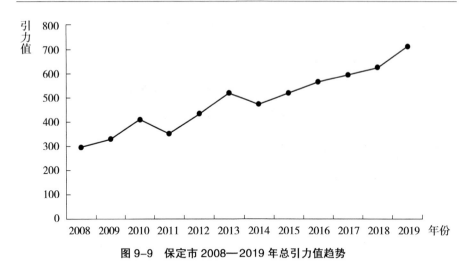

图 9-9　保定市 2008—2019 年总引力值趋势

9. 张家口市总引力值变化

如图 9-10 所示，通过总引力值趋势可以看出，张家口市引力值整体处于增长态势，研究期末较初期增长了 65.42%，但由于起始年份引力值过低，2019 年仍未达到除承德市外的其他城市 2008 年的引力值，张家口市对其他城市的引力值增长潜力仍然很大。

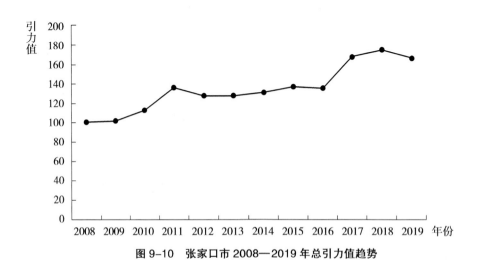

图 9-10　张家口市 2008—2019 年总引力值趋势

10. 承德市总引力值变化

如图 9-11 所示，承德市引力值可以划分为两个阶段，第一阶段为 2008—2014 年，承德市引力值增长较快，2014 年达到最高值，为 221.59，较期初增长 59.20%；后一阶段为 2015—2019 年，这一阶段承德市对外引力水平基本保持平稳，相较前一阶段，引力值出现小幅下降，期末引力值 194.96，较期初增长仅为 40.07%，低于 2014 年的水平，此外由于起始年份引力值过低，2019 年，仍未达到除张家口市、衡水市外的其他城市 2008 年的引力值，上升空间较大。

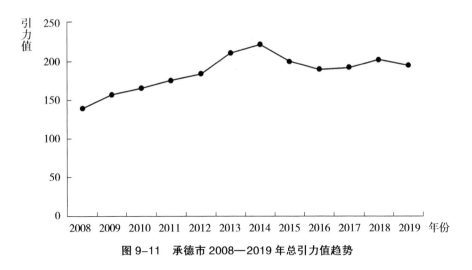

图 9-11　承德市 2008—2019 年总引力值趋势

11. 沧州市总引力值变化

如图 9-12 所示，沧州市总引力值整体呈现增长趋势，个别年份有小幅下降，对总体走势影响不大，沧州市最小总引力值为 2008 年的 287.37，最大为 2019 年的 444.76，增长了 54.77%。

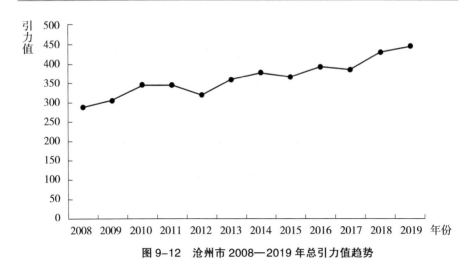

图 9-12   沧州市 2008—2019 年总引力值趋势

12. 廊坊市总引力值变化

如图 9-13 所示，廊坊市受益于区位优势，是河北省引力值最大的城市，2008—2019 年，廊坊市总引力值处于波动状态，但仍整体保持上涨态势。从数据上看，廊坊市引力值在 2016 年达到最大值1738.40，比 2008 年提高 54.46%，此后三年则有轻微下降，2019 年廊坊市引力值为 1386.30，比 2008 年提高 23.17%。

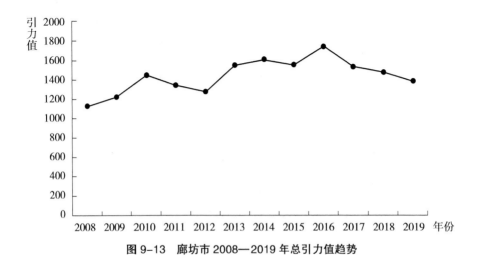

图 9-13   廊坊市 2008—2019 年总引力值趋势

13. 衡水市总引力值变化

如图 9-14 所示，衡水市总引力值可以分为两个阶段来看，第一阶段从 2008 年到 2013 年，衡水市引力值快速增长，2014 年下降之后，进入了小幅增长阶段。总体来看，2019 年衡水市引力值比 2008 年增加了 83.25%，仅次于保定市，但由于衡水市起始年份引力值过小，研究期末仍较低，上升空间较大。

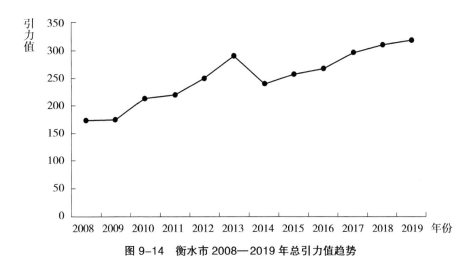

图 9-14　衡水市 2008—2019 年总引力值趋势

三、京津冀城市群空间联系结构分析

根据引力值的测算结果，令 P_i 为 i 城市对其他城市的引力值之和，Q_i 为其他城市对 i 城市的引力值之和，则 P_i 与 Q_i 之差可以反映 i 城市在城市群空间联系结构中的地位，若 $P_i - Q_i > 0$ 则说明城市 i 的对外吸引力较大；反之，则说明 i 城市受其他城市的辐射带动作用较大。

分别加总 2008—2019 年京津冀城市群各城市对外引力值之和以及受外部引力值之和，进一步相减得到引力差。如表 9-6 所示，其中引力差为正的城市有北京市、天津市、石家庄市、秦皇岛市、邯郸市、张家口市六个城市，引力差分别为 77597.51、35162.91、3018.61、879.37、322.85、234.30，表明六地属于引力输出型城市，在区域发展中起到吸引和辐射带动作用。石家庄市作为河北省正向引力差最大的城市无疑是河北省的引力核心，但相较于京津两市辐射力具有明显差距。引力差为负的城市中，沧州市、邢台市、唐山市、衡水市负向引力差绝对值最大，分别为 5910.37、2030.22、1999.79、1639.28，表明这些城市受来自其他城市的引力大于自身对周边城市的引力；保定市、承德市、廊坊市反向引力差绝对值最小，分别为577.73、267.21、427.48，表明这些城市受来自其他城市的引力和自身对周边城市的引力基本持平。

表 9-6　京津冀城市群各城市引力差

变量\城市	北京	天津	石家庄	唐山	秦皇岛	邯郸	邢台
P_i	104363.4678	46604.0735	8625.5509	8715.0846	5144.7968	6033.9903	4680.5693
Q_i	26765.9542	11441.1676	5606.9437	10714.8722	4265.4291	5711.1391	6710.7913
P_i-Q_i	77597.5136	35162.9059	3018.6072	−1999.7876	879.3678	322.8511	−2030.2220

变量\城市	保定	张家口	承德	沧州	廊坊	衡水
P_i	5835.5461	1617.6350	2229.5748	4350.1701	17245.4558	3009.0326
Q_i	6413.2730	1383.3327	2496.7851	10260.5400	17672.9375	4648.3142
P_i-Q_i	−577.7269	234.3023	−267.2102	−5910.3699	−427.4817	−1639.2815

　　根据引力差（P_i-Q_i）进一步探索京津冀城市群的空间联系结构，参考张红凤等（2019）的研究，依据引力差根据表 9-7 结果将 13 个城市划分为三个层次，分别为核心城市、次级核心城市以及外围型城市。如表 9-7 所示，北京市凭借强大的城市发展水平、发达的交通网络等优势处于京津冀城市群的核心地位，对其他城市起着较强的辐射

带动作用，对天津市、廊坊市、保定市、唐山市等周边城市的吸引力较大；天津市的经济发展水平较高、交通系统较完善，优势低于北京市，划分为次级核心城市，对其他城市仍有较大的辐射带动作用。河北省11个城市皆为外围型城市，表现出受北京市、天津市两地的高度吸引状态，而自身对外吸引力相对不足，省内缺少实力较强的核心城市，并且与次级核心城市尚有不小的发展距离，基本处于被吸引范畴，因此亟须发展一批对外吸引力强的次级核心城市，增加大城市对小城市辐射作用的桥梁与缓冲。

表9-7　京津冀城市群引力值的空间联系层级划分

城市类型	地区
核心城市	北京
次级核心城市	天津
外围型城市	石家庄、唐山、秦皇岛、邯郸、邢台、保定、张家口、衡水、唐山、沧州、廊坊

四、研究结论

通过前面引力模型对京津冀城市群引力值的值得测度，可以得出以下结论：

第一，京津冀城市群各城市综合发展水平具有明显差异，核心城市优势大。空间上看，2008—2019年北京市的平均综合发展水平最高，天津市次之，分别为0.2616和0.1383，而河北省各城市的综合发展水平低于京津两地，邢台市与北京市差距最大，达到0.2233。从时间角度看，京津冀城市群中北京市、天津市、唐山市、秦皇岛市、邢台市的综合发展水平呈窄幅波动状态或不同程度的下降趋势，其他城市均有增长。其中，保定市上涨幅度最大，年均增长2.56%，北京市和天津市下降幅度最大，年均下降分别为 2.10% 和 1.30%。

第二，从空间角度看，京津冀城市群中河北省各市总引力值与京津地区相比悬殊，京津地区对河北省各城市的引力作用整体上远大于河北省内城市间的联系程度。城市间的正向和反向引力值往往不同，甚至存在较大差距，北京和天津两市对其他城市的引力大于其他城市反向引力，两地综合发展水平差距越大，则两地间的引力值差距越大。从空间上看，北京市、天津市、廊坊市之间以及邯郸市和邢台市之间的相互引力值较大，形成区域性引力高值区。

第三，从时间角度看，京津冀城市群整体的空间关联引力网有增强的趋势，尤其是河北省内城市的引力，除秦皇岛市外，都有上升趋势。其中保定市的上涨幅度最大，涨幅达到 415.50，其次为廊坊市，引力值增幅为 260.80；从增长率看，京津冀城市群中保定市、衡水市、张家口市、沧州市、石家庄市、承德市年均增长率超过 3%，年均增长幅度分别为 8.32%、5.66%、4.68%、4.05%、3.46%、3.11%。

第四，从空间联系结构角度看，依据引力差可将研究期内京津冀城市群划分为三类，北京市处于绝对核心城市，天津市为次级核心城市，河北省 11 个城市皆为外围型城市。引力差为正的引力输出型城市有北京市、天津市以及河北省的石家庄市、秦皇岛市、邯郸市、张家口市六个城市，但六地具有明显差异。引力差为负的城市对外吸引力小于外部的引力，其中沧州市、邢台市、唐山市、衡水市的引力差较大，引力差绝对值超过 1000；廊坊市、承德市、保定市的引力差绝对值较小，引力差在 1000 以内。

第十章　提升城市群整体综合承载力与优化空间布局的对策建议

　　城市群是指在特定地域范围内，以一个特大城市为核心，由至少三个以上都市圈（区）或大中城市为基本构成单元，依托发达的基础设施网络，所形成的空间相对紧凑、经济联系紧密、并最终实现同城化和一体化的城市群体（方创琳，2009）。进入 21 世纪以来我国城镇化率不断提高，《中华人民共和国国民经济和社会发展第十一个五年规划纲要》提出"要把城市群作为推进城镇化的主体形态"，[①] 城市群概念成为我国经济社会发展的必然之路。城市群作为构建新发展格局的驱动引擎，是加快推进建设强大而有韧性的国民经济循环体系的重要推手，以更宽广的视野、更高的目标要求、更有力的举措打造高质量发展的城市群。京津冀城市群综合承载力的提升，对我国其他城市群有一定的带动引领和参考作用，研究承载力的提升路径具有很好的典型性和代表性。

---

　　① 《中华人民共和国国民经济和社会发展第十一个五年规划纲要》，《人民日报》2006 年 3 月 17 日。

第一节　研究结论

基于以上对京津冀城市群综合承载力的测算、评价与分析，得出以下基本结论：

一、京津冀城市群的整体发展情况较好，但也存在较大的空间差异

本书从经济发展、文化发展、科技发展、社会发展、资源环境等方面分析了京津冀城市群的整体发展情况。整体来看，京津冀地区经济发展水平相对较高，生产总值得到迅速提高，发展前景较好。总体来看，京津冀城市群发展形成一定规模，全局发展向好，但是城市群内部也存在差异较大等现象。京津冀城市群中，北京市和天津市无论在地理位置、空间结构还是城市建设、经济实力等方面都表现出明显的优势，是京津冀地区的增长重心和经济中枢。河北省与京津地区存在差距的同时，内部还存在发展差异较大的问题。京津冀城市群在发展过程中，经济发展水平、社会保障水平、公共服务发展差异较大，生态环境建设不能松懈，协同发展仍需进一步推进。

二、北京市、天津市与河北省各城市之间的综合承载力存在显著差异

本书第六章运用不同的方法得到京津冀城市群综合承载力指数，分析发现：北京市和天津市综合承载力得分远高于河北省各城市，而且河北省内各城市间发展也不均衡；从时间看，虽然 13 个城市承载力都呈现上涨趋势，但是各城市上涨幅度并不相同，其中涨幅较大的

如保定市、石家庄市、衡水市在2019年得分较研究起始时间分别增长了5.36倍、4.96倍和5.07倍。从横向看，2008—2019年承载力最高的三个城市基本固定为北京市、天津市、秦皇岛市，最低的三个城市基本固定为沧州市、衡水市、邢台市。

三、各城市的各个子承载力发展不均衡，耦合协调水平仍需进一步提升

本书第七章首先运用面板熵值法从经济、资源环境、文化三个方面对京津冀城市群承载力发展水平进行测度，结果可以看出区域内各城市承载力得分都呈上涨趋势；除资源环境承载力外，北京市均远高于其他城市，在经济承载力上尤为明显。其次通过耦合协调度的测度，可以看出北京市和天津市高于河北省各市，秦皇岛市和石家庄市是河北省内较为领先的城市。最后从京津冀整体上看，环境的协调度最高，其次为文化，经济最低，在经济方面京津冀仍有较大的可协调空间。

四、京津冀城市群各城市间的引力值存在较大差距，总引力值整体上升

京津冀城市群各城市综合发展水平具有较为明显差异；从京津冀城市间引力角度测度了京津冀城市群各城市间的引力值，结果显示存在较大差距，北京市、天津市对河北省各市的引力作用明显，河北省各城市之间的联系程度和对外吸引度较低；北京市、天津市的总引力依然处于绝对领先地位，各城市总引力整体呈现窄幅波动，其中，仅北京市、天津市、秦皇岛市和邢台市的总引力值有所下降，其他地区

的总引力值均有所上升。13 个城市的引力值最大差距呈现先下降后上升再趋于平稳的变化趋势，在 2008 年差距达到最大值，在 2018 年下降至最小值，张家口市上涨趋势明显；从空间联系结构角度看，依据引力差可将研究期内京津冀城市群划分为三类。

第二节　城市群综合承载力提升的对策思路

一些影响城市群承载力的因素，如区域之间发展水平差距、生态环境、城市之间发展模式趋同等，容易引起城市间竞争增大，中心城市空间紧张，周边城市承载力增长不能同步而形成差距，严重阻碍城市群的协同发展。综合前面城市综合承载力的现状分析、京津冀城市群综合承载力测度结果、京津冀城市群综合承载力经济、文化和环境子系统耦合协调分析结果等方面，可以直观地发现京津冀区域间综合承载力的发展较为不均衡，京津两地与河北省内各个城市之间存在较大差距。基于以上结论，本书从以下几方面提出对策建议，以期提升京津冀城市群综合承载力。

一、以经济为基础，提升经济承载力

经济发展在评价城市群综合承载力中占有重要地位，经济承载力很大程度上决定了人口的流向。城市的经济承载力是人类社会活动和城镇集聚发展的成果，经济承载力的大小直接决定了城市未来的发展方向。提升经济承载力不是单一的推动经济增长，而是在城市以及城市群内部促进经济因素、社会因素、资源环境因素以及其他各种发展因素之间的协调与平衡，推动城市向着更加和谐有序的方向综合

发展。

根据熵值法计算的指标权重可以看出经济的因素权重在计算城市综合承载力得分中占据较大比重，可知经济承载力在城市综合承载力中起到基础支撑作用。当前，提升经济承载力的主要途径是要对城市经济承载力内部结构进行优化与调整，通过发展高新技术提升经济发展质量，最终达到经济承载力、社会承载力与资源环境承载力等相适应的效果。

（一）科学规划城市发展远景，促进经济稳定增长

经济承载力是城市的一项基础承载力，其他任何承载力的发展都离不开经济承载力的支撑。京津冀城市群的经济承载力是城市综合承载力提升的关键因素，因此保持经济稳定增长，使经济增长服务于其他承载力的提升是提升综合承载力的有效途径。保持经济平稳有效运行是维持城市健康发展的基本条件，也是居民生活的基本保障。

经济承载力的提升最终是为了服务城市发展，同时规划城市发展为经济承载力的提升提供了明确的目标。科学的城市规划是城市合理建设与高效运行的前提，城市发展远景规划是协调城市综合发展、塑造城市实体形象的起点。考虑城市的空间布局、产业基础，定期编制和完善各种更为具体的产业、行业发展规划，并将承载力因素考虑进去，将承载力现状测度、发展趋势预测、空间分析作为重要参考。

（二）积极推进产业降碳增效，促进产业升级优化

当前城市竞争力的提升中产业结构是十分重要的一个环节。从当前京津冀城市群经济结构发展现状来看，京津地区第三产业占比逐步提升，但河北省的产业结构仍存在很大的优化空间，高新技术产业占

比较低，产业价值链仍需进一步拓展。

河北省在产业结构升级与降能增效方面存在很大的发展空间，为了提升经济承载力，应依靠产业优化升级，发展高新技术产业，扩大第三产业比重，发展高价值链产业，增加产业附加值，提升产业经济效益。注重经济的高质量发展，大力发展知识经济、智能经济、数字经济等新经济，优化产业结构。

（三）加强城市群内部经济交流与合作，促进城市群融合发展

京津冀城市群经济发展存在着较为明显的地区差异现象，无论从经济总量还是发展质量来看，京津地区都有明显的优势。因此为促进城市群发展，加强城市群内部各个城市之间的经济联系，发挥京津地区增长极的辐射作用，以京津带动河北省各市发展，最终形成城市群内部协同发展的局面是提升城市群经济承载力的有效方式。

北京市在高新产业发展和第三产业发展上有成功经验，天津市作为沿海城市，对外经济发达。河北省毗邻京津地区，应当加强与京津地区经济联系，借鉴成功经验，促进各城市经济发展，逐渐缩小与北京市、天津市的差距，推进京津冀城市群协同发展。

二、提升公共服务能力，加强社会承载力

社会承载力支撑起居民生活的各个方面，承载着基础设施建设和公共服务。社会承载力中包含公共服务、基础设施建设和交通通信等方面，这些都是完善城市服务，保障和提升居民生活水平的基础。

从分析结果来看，京津冀城市群的社会承载力在各项子承载力中没有表现出相应的优势，说明在加强城市建设以及完善公共服务方面还存在上升空间。

（一）提升公共服务供给能力，推进区域间公共服务协同建设

不断完善社会公共保障体系，不断完善城乡居民医疗保险、养老保险制度，保障教育公平，推进教育、医疗资源的合理分配。河北省各个城市的公共服务水平与京津地区之间存在一定差距，应进一步完善财政转移支付制度，明确责任，加强监管，促进京津冀城市群公共服务协同发展，不断提升基本公共服务供给水平。

（二）加强城市基础设施建设，优化城市生活环境

基础设施建设是城市主体平稳运行的基础保证，是居民生活正常进行的物质保障。京津冀地区基础设施建设与城市发展水平基本相适应，个别方面仍有差距和提升空间。科学合理规划城市建设，吸引投资，完善投资机制等都是保证基础设施建设的重要环节。各个城市在城市群中的定位不同，要明确城市定位，结合城市发展方向和地理位置、资源禀赋等加强特色城市建设，发挥各个城市的独特魅力。

（三）完善交通规划，保障城市畅通

城市发展需要交通的便利，交通成为城市运行中重要的一方面。随着大城市人口的聚集，存在着较为普遍的交通拥堵问题，对于一些规模较小的城市，也或多或少存在交通不畅的问题。因此进一步完善公共交通体系，规划交通网络，保障城市畅通，是提升城市承载力的重要方面。

依据城市空间分布特征，进一步通过合理规划交通网络、完善公共交通、发展绿色低碳交通、加强城市交通管理、优化错峰出行等科学措施，完善城市立体交通，加强城市管理，以提高城市的交通承载能力。

三、合理调整城市人口聚集度，稳定提升人口承载力

影响人口承载力的因素是十分广泛的，由实证分析的结果可知，人口的自然增长状况与就业人口的分布对综合承载力的提升有较为明显的影响，要及时疏解人口过于密集的城市，提升大城市周边城市的人口承接能力。

（一）保持人口适度增长，优化人口空间、年龄结构

人口承载力与人口增长关系密切，人口的自然增长率反映人口发展速度。依托经济承载力的提升，进一步加强宣传，减少育龄人口的后顾之忧，推进人口适度增长，调整人口结构，改善人口老龄化现状，提升人口承载力，保持城市活力。

（二）调整产业结构，促进就业人口分布合理化

产业结构的优化与升级不仅仅对经济发展有重要的意义，同时也影响着就业人口的流动与分布。依据城市产业发展基础，测度本城市的优势和短板产业，在进一步发挥优势产业的基础上，引进和培育短板产业的从业人才，及时发布就业市场信息，提升人才的引进力度与保障水平、人才供需方的沟通与适配度，促进人口承载力的结构优化和承载质量的提升。调整产业结构，增加就业机会，积极引进人才，大力发展高新技术产业，为城市人口集聚提供更广阔的空间，为城市建设储备人才。

（三）加强城市建设，提供良好生活环境

加强城市基础设施建设，完善公共服务体系，为城市居民提供良好的生活环境。提升居民幸福感，积极构建和谐城市，保障和改善民生，提高人均资源水平，引导合理的人口流动，避免大量人口流失。

四、提升资源环境承载力的对策建议

实证分析可知，资源环境承载力对人口承载和经济承载具有很强的影响，提升和优化资源环境承载对其他子承载系统具有非常重要的作用。经济承载和资源环境承载之间具有博弈关系。资源的分布一定程度上决定了人口的分布，同时人类的经济活动和社会活动又会对环境产生一定的影响，应协调好资源环境承载与各子系统承载的关系，促进城市发展和综合承载能力的提升。

（一）不断提升土地资源利用效率，保障粮食产量

土地是经济建设、生产发展、资源环境和人口的基本载体，提高土地利用率一方面扩展居民生活空间，可以容纳更多人口，另一方面有助于获得更多生活生产资源。

优化农业种植结构，提升灌溉效率，促进生态农业、绿色农业的快速发展，促进大数据技术、生物技术、地理信息系统技术等在农业中的应用。通过土地经营权有序流转和适度规模经营等提升土地资源的利用效率，杜绝土地摞荒现象。优化病虫害防治的措施，科学使用化肥，解决好农业种植中的"白色污染"，推广可降解农业材料的使用和生物防虫技术。

通过粮食保障稳定资源环境的承载基础，为人口和经济承载奠定基础。促进粮食亩产的进一步提升，提升农业发展水平。在提升效率的同时保证充足的粮食用地。

（二）合理控制污染物排放，提升污染治理能力

京津冀地区近年来生态环境大为改善，但污染问题仍需高度重视，合理控制工业"三废"的排放，进一步减少污染物排放，加强源头治理。积极推动产业转型，进一步推进绿色生产，提升资源使用效

率。同时加强高污染企业的环境治理技术改革，借助高科技产业的技术支持，加强污染物的回收处理，进一步利用废弃物。

（三）加强城市环境治理，降低碳排放

加强城市卫生管理，积极改善市容市貌，建设美丽清洁的城市环境。适度扩大城市绿化工程，完善生活垃圾处理机制，严格执行污水处理程序。加强宣传，优化能源使用结构，进一步推广绿色能源的使用，减少化石能源的使用量，鼓励绿色出行，减少人类生活对环境造成的污染和破坏，促进人与自然和谐共处。

五、增强城市软实力，提升文化承载力

京津冀城市群拥有厚重的历史积淀，蕴含丰富的文化底蕴，应进一步结合各城市自身特色，挖掘红色文化、民俗文化、传统文化资源，将其与生态、旅游有机融合，不断提升城市凝聚力。

（一）加强文化设施建设，丰富居民日常生活

文化设施、文化场馆是居民进行文化活动的重要场所，应进一步提升城市人均文化设施水平，加强文化场馆建设，及时补充文化设施，丰富文化资源，为居民提供更多的文化交流场所和丰富文化生活的形式。

（二）推动文化产业发展，扩展文化传播形式

部分城市还存在文化产业发展不足，文化传播形式较单一，自身文化特色不明显等问题，应充分展现文化特色，不断丰富文化市场。提升文化产业层次，进一步深入挖掘文化的内涵，结合丰富的表现形式，使得特色文化品牌能够生动形象、广为人知。积极推动文化产业发展，构建良好的文化市场，为文化产业发展提供良好的市场环

境。文化产业的发展能给特色文化品牌传播提供更丰富的途径，同时也能使特色文化品牌传播的覆盖面更加广泛。丰富网络、电视、电影、剧场表演等多种形式，扩大特色文化传播品牌覆盖面，提升文化产品质量。

（三）大力发展文化旅游产业，将文化承载与经济承载有机融合

旅游业的发展不仅仅为旅游者提供了旅游享受，也为当地特色文化品牌提供了"走出去"的机会，大力发展文化旅游产业，打造具有当地特色的文化旅游精品路线和有竞争力的品牌，传播城市特色文化，打造城市形象，提高城市知名度。以文化为魂推进文化产业发展，通过旅游业推广城市，带动城市经济发展。

六、提升科技创新水平，筑牢综合承载力的科技基础

科技水平成为评估一个地区、一个城市综合水平的重要指标。科学技术的发展是提升经济承载力、资源环境承载力、文化承载力等承载子系统的推进剂，对于承载质量的提升意义重大。提高京津冀城市群整体的科技竞争力与城市科技承载力，是提升城市综合承载力的关键。

（一）积极引进技术型人才，完善就业机制

科技发展的重要前提是科技人才的培养，北京市、天津市对各类人才有着较强的聚集效应，河北省各城市应加强与京津地区的协同度，通过创新产业联合孵化和研究等，加强与京津地区科技产业的沟通合作，通过产业发展和培育提升人才吸引力，加大人才引进力度，完善人才引进机制，为引进人才提供良好的科研环境与资金支持，进一步提升引进待遇和保障水平，减少人才流失。

（二）大力推动科技创新，促进科技研发成果的应用

促进教育领域的协作发展，提升教育水平。积极推动研究创新，以创新带动科技发展。加强高校、科研院所与企业的交流合作，将高校、科研院所创新成果转化为生产力，同时企业可以为创新研究提供有力的资金支持。

合理运用高校人才资源与科研资源，做好高校人才引进工作，吸引有能力、有学识的人才到高校任职，进一步支持和培育高端领域、高精尖技术研发团队，提升高校科研水平。

（三）加强科技交流合作，建立协同机制

目前京津冀地区各城市科技发展水平参差不齐，因此加强城市间科技交流合作，既能增强城市群凝聚力，也有利于各市科技竞争力整体提升。加强科技水平较高城市的辐射带动能力，通过与科技水平较低的城市结对发展，建立帮扶互助机制，推动城市科技水平整体提升。

在产业方面加强高新技术产业与传统产业的交流合作，引导传统产业积极转型；传统产业应加大科研力度，积极寻求技术资金支持，与高新技术产业形成良性互动。

综上所述，城市群综合承载力的提升依赖于各子系统承载力的提升和各个城市综合承载力的提升。从综合承载力构成上看，各子承载力之间存在着联系，需要在发展过程中积极寻求各承载系统之间的协同发展，比如经济承载力与环境承载力的协同。城市群内部各城市发展也需要探索进一步的协同路径，完善城市间竞争合作机制。总体来说，综合承载力的提升是各个承载子系统的同步提升，保持发展优势，弥补发展短板，合力起到正向推动作用。

第三节　承载力评价在优化空间布局中的应用

承载力评价是对城市和城市群各个方面发展状况的详细评估，有助于通过城市内部承载力各系统以及城市间承载的对比，梳理各城市自身的相对承载优势和短板。

一、承载力评价在城市土地利用和功能分区中的应用

承载力状况反映了城市对人口等各承载方面的容纳程度，超过承载能力将对城市的布局与发展产生很大的抑制作用。承载力为城市土地利用和功能分区提供了借鉴，同时城市土地利用和城市功能分区的变化也会对承载力产生新的影响。

（一）承载力评价在土地利用中的应用

京津冀地区是兼有高原、山地、丘陵、平原、湖泊和海滨的地区，地形结构多样，由于地形状况的不同，各城市土地利用和建成区形态也具备自身特点。由承载力评价结果可知，资源环境承载力、粮食承载力等与地形结构分布和土地、气候状况有很大关系，因此在城市布局方面，资源环境承载力高的地区，应进一步巩固其承载优势，加强土地功能的发挥，减少生态环境脆弱度，在土地利用过程中更加注意生态涵养，提升林地、湿地、耕地保护水平。

北京市、天津市综合承载力较高，但粮食承载力等子系统承载力相对较低，因此应加强与对应承载能力较强地区的联系，推进优势互补。南部城市是京津冀地区重要的粮食产地，但综合承载力相对不足，在经济承载、环境保护、基础设施建设等方面仍需进一步加强建设。

（二）承载力评价在功能分区中的应用

城市最初的功能分区会随着城市的建设和发展发生改变和调整，承载力评价将城市各个方面的发展成果展现出来，成为城市功能分区调整和优化的重要依据。

承载力评价中，经济承载、资源环境承载等承载力的评价，有助于了解工业区、生活居住区、市内道路广场、对外交通、仓库等分区的承载状况，对于进一步优化土地利用规划具有很好的支撑作用，有助于优化生产、生活空间布局。此外，计算各子系统承载力对综合承载力的贡献强度，可以反映出城市发展的优势与短板，并且测度一段时期的子承载力和综合承载力的发展状况，能够更为动态地跟踪城市承载力的发展趋势，可以针对处于短板的子系统承载力作出城市功能分区的调整，对于资源环境承载力相对较弱的城市要保持和增加林地、湿地等生态涵养区域的面积。对于社会承载力相对较弱的城市要积极改善城市生活环境，对城市居住区的位置和布局进行优化，提升公共服务水平。就经济承载力而言，各城市依据承载力测度结果调整优化工业区的位置和布局，优化工业生产和居民生活区域的布局。

城市功能分区优化时既要弥补相对短板的子系统承载力，还要积极发挥优势子系统承载力作用，空间上考虑承载情况定位分区功能，反过来为提升优势子系统承载力助力，同时有助于控制承载能力在合理的阈值内。根据城市综合承载力指标要素，判断、明确城市主体功能分区以及所属主体功能类型，这对城市空间的规划以及土地利用有很大的参考价值。

二、承载力评价在城市群空间结构功能划分中的应用

综合承载力提升和城市群空间结构划分处于不断寻求最佳组合位置的过程，城市群空间结构功能划分也在不断优化和不断提升。在这一点上，承载力评价和城市群空间功能划分存在内部的一致性。承载力说明了区域内容纳能力的多少，一定程度上影响了个体所占空间大小与空间功能区位分布；空间功能布局的优化反过来作用于承载力，又能提升同样空间内所容纳的个体数量，进一步提升承载力。

（一）承载力评价为城市群空间功能结构划分提供依据

城市群中各城市地理位置不同，经济发展状况不尽相同，城市基础设施建设水平、公共服务水平也存在一定差异。承载力评价在承载角度了解城市发展现状，有助于在区域中找准城市定位。

城市群作为一个整体，统筹发展需要协调推进各方面建设，实际应用中，结合各城市的综合承载力及在城市群中的排序，有助于明确各个城市的优势，有助于城市进行明确分工，更有利于城市群整体稳步发展，协同共进。

经济承载力分析了各个城市经济发展水平与产业结构分布，依据经济承载力状况优化产业布局，减少城市之间同类型的产业竞争，推进产业合理聚集发展和资源分配效率的提高。资源环境承载力反映了自然资源与环境建设成果，生态环境脆弱的地区应加强绿色产业发展，防范污染，积极维护生态环境。可以根据承载力状况定位区域发展的生产区、生活区和生态区。

京津冀城市群需要继续推进土地资源节约集约利用，提升综合承载力，促进子承载力之间的协调平衡。在城市群结构功能分区优

化过程中，以区域综合承载力评价为基础，提高资源环境承载力，有助于进一步推进区域可持续发展，促进社会、经济和生态效益的统一。

（二）城市群空间结构的合理化促进城市群承载力的提升

城市群内依据城市综合承载力测度以及各城市承载能力的结构，区域内整合和分配资源，不断加强城市群的融合性，使城市之间形成紧密的联系，保障城市群的平稳高效运行。城市群内部优化空间结构的过程中，聚集或空间协同同质资源，提高城市群运行效率，通过城市群空间功能结构的合理化进一步提升城市群承载力。

城市群内部分区明确，空间结构合理化的过程中还会提升城市之间的融合交流，进一步提升城市群综合承载力。城市群空间功能划分明确，有助于资源的合理流动，资源的流动过程也是城市间加强联系促进融合的过程，有助于区域综合承载力提升与城市群的平稳发展。北京市、天津市在经济发展方面表现出很大的优势，可以在技术、资金等方面带动周边城市的发展；中南部地区作为京津冀地区主要的粮食产地，承担粮食承载的重要任务；西北地区作为生态涵养区域保持资源环境承载优势。

总的来说，承载力评价与城市群空间布局是相辅相成的，承载力评价是空间功能结构调整的依据，为空间布局提供支持，承载力的耦合协调测度与空间引力分析有助于空间功能布局的优化，丰富了京津冀城市群相关理论，空间布局的完善又能有效地提升城市群综合承载力，加速城市群融合发展。

三、空间引力分析在优化城市群空间功能布局中的应用及对策

（一）着重缩小城市之间的发展差距，提升综合发展水平

京津冀城市群各城市综合承载力以及引力值的计算结果显示城市之间的发展并不均衡，以经济水平、社会保障、科技文化、城市建设等方面所代表的城市综合发展水平下显示核心城市和其他城市有较大差距，这将严重影响到辐射带动作用的发挥。因此，京津冀城市群在实现经济发展的同时，应进一步健全要素市场体系，推动区域内资金、技术、人才等要素的自由双向流动。着力提升城市群公共服务均等化水平，提高河北省各城市的基础设施、社会保障水平，提高城镇化质量，加强京津冀各城市之间的产业合作，根据各城市的发展优势以及产业情况进行分工，打造一批地区优势主导产业，逐步缩小京津冀城市群城市间发展差距。

（二）充分发挥核心城市的辐射作用，增加区域性高引力值区域

实证分析显示河北省各市总引力值与京津地区相差悬殊，京津地区经济发展水平、科技创新能力、交通网络发达程度等高于河北省各个地级市，因此京津冀城市群要充分发挥京津两地对河北省各地区的辐射带动作用，打造"放射型"经济发展带。进一步推进东部"京唐秦""京津""京保石"发展轴，并带动沿线地区的经济发展。与此同时，也要发挥较大城市对周边地区的辐射带动作用，如加强省会城市石家庄市以及经济发展水平较高的唐山市等地对周边城市的辐射。发挥相邻城市的地理优势，优化功能布局，形成如"邢—邯"等一批区域性引力高值区。

（三）增加河北省各城市的城市引力，加强引力网密度

北京市、天津市对其他城市的引力大于其他城市反向引力，在此背景下逐步加强河北各城市的自身引力，科学界定自身发展短板，尤其是总引力值排名靠后和引力值处于下降趋势的城市，在经济、创新、生态等方面扩大发展优势，逐步扩大自身的引力圈，对于衡水市和张家口市等总引力值上涨幅度大的城市，突出优势同时进一步加强其与周边的空间联系。进一步加强石家庄市、唐山市、保定市等综合发展水平较高城市的建设，增加次级核心城市，尽快缩小与核心城市的差距。

（四）进一步优化城市交通网络结构，加强城市间的协同

以负向引力差绝对值大的城市为重点，扩大自身引力，缩小引力差。由于引力值受距离的直接影响，外围城市和核心城市的交通发展差距较大，影响到自身的引力和引力差，因此需要进一步加强交通网建设。首先，逐步推进核心、次级核心城市与周边城市的城际交通建设，推动各个地区之间高速公路以及铁路的衔接，加强城市之间联系，缩小地区之间的时间距离。其次，强化北京市、天津市的主枢纽功能，同时打造多个次级交通枢纽，充分发挥交通要素在城市对外辐射中的重要作用。最后，提高城市外部交通与内部交通的有效衔接度，进一步优化城市交通网络结构，打造更加合理的城市群空间。

参考文献

［1］鲍超、方创琳:《长江流域耕地—粮食—人口复合系统的动态分析及调控途径》,《中国人口·资源与环境》2007年第2期。

［2］北京市交通委员会、天津市交通运输委员会、河北省交通运输厅:《京津冀交通一体化发展白皮书（2014—2020年）》, 2021年12月。

［3］蔡永龙、陈忠暖、刘松:《近10年珠三角城市群经济承载力及空间分异》,《华南师范大学学报（自然科学版）》2017年第5期。

［4］蔡运龙、傅泽强、戴尔阜:《区域最小人均耕地面积与耕地资源调控》,《地理学报》2002年第2期。

［5］曾坤生:《佩鲁增长极理论及其发展研究》,《广西社会科学》1994年第2期。

［6］曾鹏、王云琪、张晓君:《中国十大城市群综合承载力比较研究》,《统计与信息论坛》2015年第1期。

［7］常晓玲、司秋利、柴春凤、温如雪:《基于主成分分析对京津冀地区城市承载力进行实证分析》,《智富时代》2018年第1期。

［8］陈百明:《我国的土地资源承载能力研究》,《自然资源》1989年第1期。

［9］陈百明：《中国土地资源的人口承载能力》，《中国科学院院刊》1988 年第 3 期。

［10］陈明星、叶超、陆大道、隋昱文、郭莎莎：《中国特色新型城镇化理论内涵的认知与建构》，《地理学报》2019 年第 4 期。

［11］陈念平：《土地资源承载力若干问题浅析》，《自然资源学报》1989 年第 4 期。

［12］陈晓华、钱欣：《长江生态经济区城市群综合承载力评价》，《统计与决策》2019 年第 10 期。

［13］陈秀山、张可云：《区域经济理论》，商务印书馆 2003 年版。

［14］程广斌、申立敬：《天山北坡城市群城市综合承载力评价》，《中国沙漠》2015 年第 5 期。

［15］程广斌、沈雨研、陈曦：《丝绸之路经济带中国西北段节点城市综合承载力及影响因素研究》，《生态经济》2020 年第 8 期。

［16］程广斌、郑椀方：《我国西北地区城市群水资源承载力评价研究》，《石河子大学学报（哲学社会科学版）》2017 年第 2 期。

［17］褚义景、戴胜利：《经济发展与环境污染的协调度分析：以武汉为例》，《武汉理工大学学报（信息与管理工程版）》2019 年第 5 期。

［18］崔昊天、贺桂珍、吕永龙、苑晶晶：《海岸带城市生态承载力综合评价——以连云港市为例》，《生态学报》2020 年第 8 期。

［19］崔莹莹：《成渝城市群城市综合承载力研究》，《时代金融》2017 年第 2 期。

［20］邓红霞、李存军、朱兵、丁晶：《基于集对分析法的生态承载能力综合评价方法》，《长江科学院院报》2006 年第 6 期。

［21］邓玲：《绿色发展理念下资源环境承载力研究进展及对策》，

《当代经济》2019 年第 10 期。

　　[22] 董越、徐琳瑜:《一种城市综合承载力双向复合动态评价方法及实证研究》,《环境科学学报》2019 年第 9 期。

　　[23] 方创琳、宋吉涛、张蔷、李铭:《中国城市群结构体系的组成与空间分异格局》,《地理学报》2005 年第 5 期。

　　[24] 方创琳:《城市群空间范围识别标准的研究进展与基本判断》,《城市规划学刊》2009 年第 4 期。

　　[25] 封志明、刘玉杰:《土地资源学研究的回顾与前瞻》,《资源科学》2004 年第 4 期。

　　[26] 封志明:《土地承载力研究的过去、现在与未来》,《中国土地科学》1994 年第 3 期。

　　[27] 傅鸿源、胡焱:《城市综合承载力研究综述》,《城市问题》2009 年第 5 期。

　　[28] 高红丽、涂建军、杨乐:《城市综合承载力评价研究——以成渝经济区为例》,《西南大学学报 (自然科学版)》2010 年第 10 期。

　　[29] 高吉喜:《可持续发展理论探索生态承载力理论、方法与应用》,中国环境科学出版社 2001 年版。

　　[30] 高爽、董雅文、张磊、蒋晓威、叶懿安、陈佳佳:《基于资源环境承载力的国家级新区空间开发管控研究》,《生态学报》2019 年第 24 期。

　　[31] 戈冬梅、陈群利、赖志柱:《中国省域旅游、经济与生态环境的耦合协调分析》,《生态经济》2021 年第 4 期。

　　[32] 葛星、郑耀群:《中国九大城市群综合承载力的空间非均衡及其动态演进》,《统计与信息论坛》2018 年第 12 期。

［33］顾芎、周生路、张红富：《江苏沿海耕地压力分区分析》，《中国农业资源与区划》2009 年第 5 期。

［34］邱菀华：《管理决策与应用熵学》，机械工业出版社 2002 年版。

［35］郭嘉伟、张军、陈彦：《基于熵权可拓物元模型的会宁县水土资源承载力评价》，《甘肃农业大学学报》2018 年第 6 期。

［36］郭显光：《熵值法及其在综合评价中的应用》，《财贸研究》1994 年第 6 期。

［37］韩洁平、侯惠娜：《基于生态效率及生态承载力的区域绿色发展综合测度研究——以浙江和江苏二省为例》，《生态经济》2020 年第 12 期。

［38］郝庆、封志明、赵丹丹、魏晓：《自然资源治理的若干新问题与研究新趋势》，《经济地理》2019 年第 6 期。

［39］郝寿义：《区域经济学原理》第二版，格致出版社、上海三联书店、上海人民出版社 2016 年版。

［40］胡皓、楼慧心：《自组织理论与社会发展研究》，上海科技教育出版社 2002 年版。

［41］户艳领、李丽红、张婉双、张学军：《京津冀资源环境承载力评价及在环境协同保护中的应用研究》，《统计与管理》2019 年第 6 期。

［42］黄敦平、刘子杰：《长三角地区城市综合承载力评价与提升对策研究》，《太原理工大学学报（社会科学版）》2020 年第 4 期。

［43］黄晶、薛东前、代兰海：《农产品主产区村镇建设资源环境承载力空间分异及影响因素——以甘肃省临泽县为例》，《资源科学》

2020 年第 7 期。

［44］黄锐、谢朝武、赖菲菲：《"一带一路"倡议对沿线目的地国家旅游发展影响研究——基于引力模型和双重差分的实证检验》，《地理与地理信息科学》2022 年第 4 期。

［45］黄贤金、宋娅娅：《基于共轭角力机制的区域资源环境综合承载力评价模型》，《自然资源学报》2019 年第 10 期。

［46］黄贤金、周艳：《资源环境承载力研究方法综述》，《中国环境管理》2018 年第 6 期。

［47］黄志启、郭慧慧：《基于熵权 TOPSIS 模型的郑州市资源环境承载力综合评价》，《生态经济》2019 年第 2 期。

［48］惠泱河、蒋晓辉、黄强、薛小杰：《水资源承载力评价指标体系研究》，《水土保持通报》2001 年第 1 期。

［49］贾立斌、袁国华：《凤台县地质环境承载力评价与监测预警》，《中国矿业》2018 年第 9 期。

［50］贾立斌、袁国华：《基于系统动力学的土地资源承载力评价与监测预警——以安徽省凤台县为例》，《国土资源科技管理》2018 年第 1 期。

［51］姜豪、陈灿平：《城市综合承载力研究：以成都为例》，《软科学》2016 年第 12 期。

［52］姜文超：《城镇地区水资源（极限）承载力及其量化方法与应用研究》，博士学位论文，重庆大学城市建设与环境工程学院，2004 年。

［53］蒋龙瀛：《黄淮地区水土资源可持续承载力及优化配置研究》，硕士学位论文，东北农业大学资源与环境学院，2019 年。

［54］蒋奕廷、蒲波：《基于引力模型的成渝城市群吸引力格局研究》，《软科学》2017 年第 2 期。

［55］孔凡文、胡弘、张婷婷：《城市经济承载力及其测算方法研究——以沈阳市为例》，《城市问题》2013 年第 7 期。

［56］李东序：《城市综合承载力理论与实证研究》，博士学位论文，武汉理工大学管理学院，2008 年。

［57］李国平、崔丹：《我国城市群人口和经济承载力及其提升策略》，《改革》2022 年第 7 期。

［58］李广：《黑龙江省国有林区人口承载力问题研究》，博士学位论文，东北林业大学经济管理学院，2002 年。

［59］李集生：《产业生态化、环境规制与循环经济绩效的耦合实证——基于 18 个城市群面板数据》，《技术经济与管理研究》2022 年第 6 期。

［60］李嘉欣、赵明华、韩荣青、申伟彤：《山东省城市综合承载力时空分异特征及其影响因素研究》，《生态经济》2021 年第 8 期。

［61］李景海：《产业圈层布局与区域差异化发展》，《财贸研究》2010 年第 2 期。

［62］李凯伦、李瑞萍、温焜：《文化距离与友好城市关系对中国版权贸易的影响研究——基于扩展引力模型的实证分析》，《管理现代化》2019 年第 1 期。

［63］李林汉：《基于熵权和 TOPSIS 法的京津冀地区综合承载力的评价研究》，《燕山大学学报（哲学社会科学版）》2020 年第 1 期。

［64］李仁贵：《区域经济发展中的增长极理论与政策研究》，《经济研究》1988 年第 9 期。

［65］李少惠、韩慧:《我国地方政府公共文化服务承载力的差异研究》,《图书馆杂志》2020 年第 7 期。

［66］李文龙、任圆:《城市综合承载力系统动力学仿真模型研究》,《生态经济》2017 年第 2 期。

［67］李新刚、王双进、孙钰:《基于 PVAR 模型的城市土地综合承载力动态冲击效应——以京津冀城市群为例》,《城市发展研究》2019 年第 1 期。

［68］李玉平、蔡运龙:《河北省耕地压力动态分析与预测》,《干旱区资源与环境》2007 年第 4 期。

［69］李玉平、蔡运龙:《区域耕地—人口—粮食系统动态分析与耕地压力预测:以河北省邢台市为例》,《北京大学学报(自然科学版)》2006 年第 3 期。

［70］李玉平:《基于耕地压力指数的陕西省粮食安全状况研究》,《干旱区地理》2007 年第 4 期。

［71］廖重斌:《环境与经济协调发展的定量评判及其分类体系——以珠江三角洲城市群为例》,《热带地理》1999 年第 2 期。

［72］林建华、赖永波:《基于综合承载力的城市公共安全体系优化研究》,《东南学术》2022 年第 3 期。

［73］林培等:《土地资源学》,中国农业大学出版社 1996 年版。

［74］刘程军、王周元晔、杨增境、周建平、蒋建华:《多维邻近视角下长江经济带区域金融空间联系特征及其影响机制》,《经济地理》2020 年第 4 期。

［75］刘典、蔺雪芹:《京津冀地区经济协同发展的时空演化特征及影响因素》,《城市问题》2020 年第 3 期。

［76］刘东、封志明、杨艳昭、游珍：《中国粮食生产发展特征及土地资源承载力空间格局现状》，《农业工程学报》2011 年第 7 期。

［77］刘恩祥：《论马克思主义的人与自然关系观》，硕士学位论文，华东师范大学哲学系，2009 年。

［78］刘惠敏：《长江三角洲城市群综合承载力的时空分异研究》，《中国软科学》2011 年第 10 期。

［79］刘佳、刘贤明、安珂珂、侯佳佳：《长三角城市群旅游环境承载力时空分异格局与空间效应研究》，《长江流域资源与环境》2022 年第 7 期。

［80］刘晶、林琳：《长江生态经济区城市群综合承载力的实证分析》，《统计与决策》2018 年第 17 期。

［81］刘荣增、王佳佳、何春：《国家中心城市综合承载力评价研究》，《区域经济评论》2021 年第 6 期。

［82］刘荣增：《河南省际经济联系与地缘经济关系匹配研究》，《河南大学学报（社会科学版）》2017 年第 2 期。

［83］刘少丹：《京津冀区域资源环境承载力评价研究》，硕士学位论文，河北大学经济学院，2019 年。

［84］刘世梁、武雪、朱家蓠、张辉、贾克敬、赵爽：《耦合景观格局与生态系统服务的区域生态承载力评价》，《中国生态农业学报（中英文）》2019 年第 5 期。

［85］刘耀彬、陈斐、李仁东：《区域城市化与生态环境耦合发展模拟及调控策略——以江苏省为例》，《地理研究》2007 年第 1 期。

［86］刘志强、韩纯、余慧、王俊帝：《城市"公园—人口—建设用地—经济"耦合协调发展的时空分异特征——以我国东部沿海五大

城市群为例》,《生态经济》2022 年第 6 期。

〔87〕刘治彦、余永华:《以新型城镇化建设促进城乡高质量发展的路径研究》,《企业经济》2021 年第 10 期。

〔88〕卢亚丽、徐帅帅、沈镭:《基于胡焕庸线波动的长江经济带水资源环境承载力动态演变特征》,《自然资源学报》2021 年第 11 期。

〔89〕马彩虹、赵先贵:《人口—耕地—粮食互动关系与区域可持续发展——以陕西省为例》,《干旱区资源与环境》2006 年第 2 期。

〔90〕米文宝:《西北地区国土主体功能区划研究》,中国环境科学出版社 2010 年版。

〔91〕南彩艳、粟晓玲:《基于改进 SPA 的关中地区水土资源承载力综合评价》,《自然资源学报》2012 年第 1 期。

〔92〕牛阿慧:《郑州城市综合承载力评价研究》,硕士学位论文,郑州大学商学院,2018 年。

〔93〕牛方曲、封志明、刘慧:《资源环境承载力评价方法回顾与展望》,《资源科学》2018 年第 4 期。

〔94〕牛方曲、封志明、刘慧:《资源环境承载力综合评价方法在西藏产业结构调整中的应用》,《地理学报》2019 年第 8 期。

〔95〕潘桔、郑红玲:《区域经济高质量发展差异的时空演变特征》,《统计与决策》2021 年第 24 期。

〔96〕彭芳梅:《粤港澳大湾区及周边城市经济空间联系与空间结构——基于改进引力模型与社会网络分析的实证分析》,《经济地理》2017 年第 12 期。

〔97〕戚红年、彭越、程寅、莫雨婷:《长江经济带综合承载力时空分异特征及其作用机制研究》,《现代城市研究》2020 年第 12 期。

［98］齐梦溪、鲁晗、曹诗颂、王文娟、邵静、赵文吉：《基于引力模型的经济空间结构时空演变分析——以河南省为例》，《地理研究》2018 年第 5 期。

［99］齐喆、张贵祥：《城市群综合交通承载力研究——以京津冀为例》，《生态经济》2016 年第 4 期。

［100］屈小娥：《陕西省水资源承载力综合评价研究》，《干旱区资源与环境》2017 年第 2 期。

［101］渠开跃、尹兵合：《资源环境承载力研究与监测预警实践》，《资源节约与环保》2019 年第 7 期。

［102］全江涛、杨永芳、周嘉昕：《河南省土地资源承载力时空演变分析与预测》，《水土保持研究》2020 年第 2 期。

［103］盛斌、廖明中：《中国的贸易流量与出口潜力：引力模型的研究》，《世界经济》2004 年第 2 期。

［104］师博：《从农村到城市：建党百年来我国经济发展的理论创新与实践演进》，《西安财经大学学报》2021 年第 2 期。

［105］施雅风、曲耀光等：《乌鲁木齐河流域水资源承载力及其合理利用》，科学出版社 1992 年版。

［106］施祖麟：《区域经济发展：理论与实证》，社会文献出版社 2007 年版。

［107］石敏俊：《现代区域经济学》，科学出版社 2013 年版。

［108］苏为华：《多指标综合评价理论与方法问题研究》，博士学位论文，厦门大学计统系，2000 年。

［109］孙翠兰：《区域经济学教程》，北京大学出版社 2008 年版。

［110］孙端、陈颖彪、曹峥、胡应龙：《基于突变级数法的广东

省资源环境承载力动态》,《生态学杂志》2019 年第 6 期。

　　［111］孙久文、崔雅琪、张皓：《黄河流域城市群生态保护与经济发展耦合的时空格局与机制分析》,《自然资源学报》2022 年第 7 期。

　　［112］孙久文、易淑昶：《大运河文化带城市综合承载力评价与时空分异》,《经济地理》2020 年第 7 期。

　　［113］汤睿、张军涛：《城市环境治理与经济发展水平的协调性研究》,《价格理论与实践》2019 年第 2 期。

　　［114］唐剑武、郭怀成、叶文虎：《环境承载力及其在环境规划中的初步应用》,《中国环境科学》1997 年第 1 期。

　　［115］唐晶、葛会超、马琳、周敬宣、周业晶：《环境承载力概念辨析与测算》,《环境与可持续发展》2019 年第 2 期。

　　［116］田培、王瑾钰、花威、郝芳华、黄建武、龚雨薇：《长江中游城市群水资源承载力时空格局及耦合协调性》,《湖泊科学》2021 年第 6 期。

　　［117］田园：《可持续发展视角下长江经济带城市群综合承载力研究》, 博士学位论文, 重庆大学公共管理学院, 2019 年。

　　［118］王保乾、杨晖、竺运：《长江经济带水资源承载力综合评价研究》,《资源与产业》2020 年第 1 期。

　　［119］王大本、刘兵：《京津冀区域土地资源承载力评价研究》,《经济与管理》2019 年第 2 期。

　　［120］王峤、刘修岩、李迎成：《空间结构、城市规模与中国城市的创新绩效》,《中国工业经济》2021 年第 5 期。

　　［121］王晶、胡贵隆、张良：《京津冀地区水资源承载力评价与预测》,《中国农村水利水电》2022 年第 3 期。

［122］王娟娟、何佳琛：《藏区牧民定居点的文化承载力分析》，《统计与决策》2012 年第 21 期。

［123］王明杰、余斌、李卓凡、王维、卓蓉蓉：《长江经济带综合承载力时空分异特征及其影响因素研究》，《信阳师范学院学报（自然科学版）》2020 年第 2 期。

［124］王树强、张贵：《基于秩和比的京津冀综合承载力比较研究》，《地域研究与开发》2014 年第 4 期。

［125］王晓轩、张璞、李文龙：《佩鲁的增长极理论与产业区位聚集探析》，《科技管理研究》2012 年第 19 期。

［126］王瑶：《基于可持续发展的上海城市综合承载力评价研究》，硕士学位论文，华东师范大学城市与区域科学学院，2016 年。

［127］王一冰：《京津冀城市群资源环境承载力测度及影响因素研究》，硕士学位论文，河北大学经济学院，2021 年。

［128］王永静、胡露月：《丝绸之路经济带中国西北段城市群综合承载力实证分析》，《华东经济管理》2018 年第 11 期。

［129］王振坡、朱丹、王丽艳：《区域协同下京津冀城市群城市综合承载力评价》，《首都经济贸易大学学报》2018 年第 6 期。

［130］吴浩、江志猛、林安琪、朱文超、王伟：《基于隐性—韧性—显性的武汉城市资源环境承载力空间特征》，《地理学报》2021 年第 10 期。

［131］吴舒璇：《基于层次分析法的江苏省城市综合资源承载力评价》，《经济研究导刊》2021 年第 13 期。

［132］吴志才、张凌媛、黄诗卉：《粤港澳大湾区旅游经济联系的空间结构及协同合作模式》，《地理研究》2020 年第 6 期。

［133］肖宜、区宇琦、曲晓阳、张利平、夏军：《城市圈区域承载力时空演变分析——以武汉城市圈为例》,《武汉大学学报（工学版）》2021年第8期。

［134］谢鸿宇等：《生态足迹评价模型的改进与应用》,化学工业出版社2008年版。

［135］熊湘辉、徐璋勇：《中国新型城镇化水平及动力因素测度研究》,《数量经济技术经济研究》2018年第2期。

［136］徐国祥：《统计预测和决策（第五版）》,上海财经大学出版社2016年版。

［137］徐静：《城镇化发展中江苏城市道路交通承载力综合评价》,《公路》2016年第3期。

［138］徐璐、崔云霞、仲钊强、夏梦茹、李伟迪：《环境与经济耦合协调度时空演变及影响因素研究——以扬子江城市群为例》,《现代城市研究》2022年第5期。

［139］徐维祥、陈希琳、周建平、刘程军、郑金辉：《新型和传统基础设施建设耦合协调：时空格局、地区差异与驱动因子》,《工业技术经济》2022年第1期。

［140］徐阳、苏兵：《区位理论的发展沿袭与应用》,《商业时代》2012年第33期。

［141］许联芳、杨勋林、王克林、李晓青、张明阳：《生态承载力研究进展》,《生态环境》2006年第5期。

［142］阎东彬：《京津冀城市群综合承载力测评与预警研究》,人民出版社2018年版。

［143］杨海燕、付凯、孙晓博、谭轶男：《基于 CRITIC-GR-

TOPSIS 法的烟台市水资源承载力综合评价》,《水土保持通报》2021
年第 2 期。

[144] 杨丽、孙之淳:《基于熵值法的西部新型城镇化发展水平
测评》,《经济问题》2015 年第 3 期。

[145] 伊利尔·沙里宁:《城市 它的发展 衰败与未来》,中国
建筑工业出版社出版 1986 年版。

[146] 尹力军、郝瑞彬、张新锋:《河北省耕地—粮食—人口系
统与耕地压力指数时空分布》,《唐山师范学院学报》2013 年第 2 期。

[147] 于少康、汪浩、熊琼兵、郑蕉:《县域国土空间开发与土
地城镇化的耦合协调关系研究》,《江西农业大学学报》2021 年第 5 期。

[148] 余灏哲、李丽娟、李九一:《基于量—质—域—流的京津
冀水资源承载力综合评价》,《资源科学》2020 年第 2 期。

[149]《资本论》第 1 卷,人民出版社 1995 年版。

[150] 张晨、曾坚、王倩雯:《京津冀城市群城镇化与空气环境
耦合协调的定量测度与空间特征》,《现代城市研究》2022 年第 3 期。

[151] 张发明、叶金平、完颜晓盼:《新型城镇化质量与生态环
境承载力耦合协调分析——以中部地区为例》,《生态经济》2021 年第
4 期。

[152] 张海琪:《粤港澳大湾区城市群资源环境承载力评阶研
究》,硕士学位论文,燕山大学公共管理学院,2021 年。

[153] 张红凤、王鹤鸣、何旭:《基于改进引力模型的山东省城
市空间联系与格局划分》,《山东财经大学学报》2019 年第 3 期。

[154] 张晖:《马克思恩格斯城乡融合理论与我国城乡关系的演
进路径》,《学术交流》2018 年第 12 期。

［155］张奎:《北京市城市综合承载力指数研究——基于主成分分析》,《调研世界》2014年第8期。

［156］张林波、李文华、刘孝富、王维:《承载力理论的起源、发展与展望》,《生态学报》2009年第2期。

［157］张林波:《城市生态承载力理论与方法研究——以深圳为例》,中国环境科学出版社2009年版。

［158］张明龙、周剑勇、刘娜:《杜能农业区位论研究》,《浙江师范大学学报(社会科学版)》2014年第5期。

［159］张荣天、焦华富:《中国新型城镇化研究综述与展望》,《世界地理研究》2016年第1期。

［160］张善余:《人口地理学概论》,华东师范大学出版社1999年版。

［161］张韦萍、石培基、赵武生、冯涛、付春雨:《西北区域城镇化与资源环境承载力协调发展的时空特征——以兰西城市群为例》,《生态学杂志》2020年第7期。

［162］张伟:《基于资源环境承载力的京津冀城市群发展绩效测度》,《统计与决策》2022年第20期。

［163］张垚、丁玉贤、丁超:《呼和浩特资源—环境—经济承载和协调发展研究》,《环境科学与技术》2021年第2期。

［164］赵金丽、宋金平:《京津冀地区城市间行业工资差异及影响因素分析》,《人文地理》2018年第1期。

［165］赵金丽、张璐璐、宋金平:《京津冀城市群城市体系空间结构及其演变特征》,《地域研究与开发》2018年第2期。

［166］郑博福、范焰焰、任艳红、黄琼瑶、黄云:《典型河网地

区水环境承载力评估——以长兴县为例》,《中国农村水利水电》2020
年第 7 期。

［167］郑毅、蒋进元、杨延梅、何连生:《基于向量模法的南宁
市水环境承载力评价分析》,《环境影响评价》2017 年第 1 期。

［168］支小军、李宗阳、张雪唱、刘永萍:《三生空间视角下宁
夏—内蒙古干旱区城市综合承载力研究》,《地域研究与开发》2019 年
第 1 期。

［169］中共中央马克思恩格斯列宁斯大林著作编译局编译:《马
克思恩格斯选集》第一卷,人民出版社 2012 年版。

［170］《中共中央关于制定国民经济和社会发展第十一个五年规
划的建议》,《人民日报》2005 年 10 月 19 日。

［171］中国土地资源生产能力及人口承载量研究课题组著:《中
国土地资源生产能力及人口承载量研究》,中国人民大学出版社 1991
年版。

［172］《中共中央关于制定国民经济和社会发展第十四个五年规
划和二〇三五年远景目标的建议》,《人民日报》2020 年 11 月 4 日。

［173］《国家新型城镇化规划（2014—2020 年）》,《人民日报》
2014 年 3 月 17 日。

［174］《中华人民共和国 2021 年国民经济和社会发展统计公报》,
《人民日报》2022 年 3 月 1 日。

［175］《中华人民共和国国民经济和社会发展第十四个五年规划
和 2035 年远景目标纲要》,《人民日报》2021 年 3 月 13 日。

［176］《中华人民共和国国民经济和社会发展第十一个五年规划
纲要》,《人民日报》2006 年 3 月 17 日。

［177］周韬:《区域中心城市引领经济高质量发展的动力机制及空间效应》,《城市发展研究》2022 年第 6 期。

［178］周婷、邓玲:《区域资源环境的经济承载力》,《求索》2008 年第 1 期。

［179］朱红波、张安录:《中国耕地压力指数时空规律分析》,《资源科学》2007 年第 2 期。

［180］Bailey J. A., *Principles of Wildlife Management*, John Wiley & Sons Inc., New York, 1984.

［181］Bing wu L., Songhao Y.,Maoxuan W., "A Model of Economic Loss of Environmental Carrying Capacity Caused by Flood Disasters in Urban Tourism Areas", *Arabian Journal of Geosciences*,No.10, 2021.

［182］Bishop A. B., "Carrying Capacity in Regional Environmental Management", *Conservation in Practice*,No.1, 1974.

［183］Christaller W., *Die Zentralen Orte in Süddeutschland*, Gustav Fischer, 1933.

［184］Clarke A. L., "Assessing the Carrying Capacity of the Florida Keys", *Journal of Population and Environment*, No.4, 2002.

［185］Cohen J. E., *How many People can the Earth Support*, New York W. W. Norton &Co., 1995.

［186］Daily G. C., Ehrlich P. R., "Population, Sustainability, and Earth's Carrying Capacity", *Bio Science*, No.10, 1992.

［187］Errington P. L., "Vulnerability of Bobwhite Populations to Predation", *Ecology*, No.2, 1934.

［188］Gonzalez M. A., Eason T., Cabezas H., et al., "Computing and Interpreting Fisher Information as a Metric of Sustainability: Regime Changes in the United States Air Quality", *Clean Technologies & Environmental Policy*, No.5, 2012.

［189］Grossman G. M., Krueger A. B., "Environmental Impacts of a North American Free Trade Agreement", *National Bureau of Economic Research Working Paper*,1991.

［190］Hadwen S., Palmer L.J., *Reindeer in Alaska*, Washington D. C. Bulletin of the U.S. Department of Agriculture, 1922.

［191］Hopton M. E., Cabezas H., "Development of a Multidisciplinary Approach to Assess Regional Sustainability", *International Journal of Sustainable Development*, No.1, 2010.

［192］Lane M., "The Carrying Capacity Imperative: Assessing Regional Carrying Capacity Methodologies for Sustainable Land–use Planning", *Land Use Policy*, No.4, 2010.

［193］Lei K., Zhou S., "Per Capita Resource Consumption and Resource Carrying Capacity: A Comparison of the Sustainability of 17 Mainstream Countries", *Energy Policy*, 2012.

［194］Leopold A., *Game Management*, New York: Charles Scribner's Sons, 1933.

［195］Liu, H.M., "Comprehensive Carrying Capacity of the Urban Agglomeration in the Yangtze River Delta, China", *Habitat Int*, No.4, 2012.

［196］Ma W., "Study on the Water Resources Carrying Capacity and Ecological Sustainable Development of Xinjiang Production and

Construction Corps, China", *Agro Food Industry Hi Tech*, No.6, 2016.

［197］Malgorzata S., David L., Szymon S., et al., "The Application of Ecological Footprint and Biocapacity for Environmental Carrying Capacity Assessment: A New Approach for European Cities", *Environmental Science & Policy*, 2020.

［198］Malthus T. R., *An Essay on the Principle of Population*, St. Paul's Church-Yard, 1798.

［199］Marten G. G., Sancholuz L. A., "Ecological Land-use Planning and Carrying Capacity Evaluation in the Jalapa Region (Veracruz, Mexico)", *Agro-Ecosystems*, No.2, 1982.

［200］Meyer P. S., Ausubel J. H., "Carrying Capacity: A Model with Logistically Varying Limits", *Technological Forecasting and Social Change*, No.3, 1999.

［201］Odum E. P., *Fundamentals of Ecology*, W. B. Saunders, 1953.

［202］Park R. E., Burgoss E. W., *Introduction to the Science of Sociology*,The University of Chicago Press, 1921.

［203］Price D., "Carrying Capacity Reconsidered", *Population and Environment*, No.1, 1999.

［204］Randolph J., "Environmental Land Use Planning and Management", *Environmental Land Use Planning & Management*, No.4, 2004.

［205］Rees E. W., "Ecological Footprints and Appropriated Carrying Capacity:What Urban Economics Leaves out", *Environment and Urbanization*, No.2, 1992.

［206］Seidl I., Tisdell C., "Carrying Capacity Reconsidered:From Malthus' Population Theory to Cultural Carrying Capacity", *Ecological Economics*,1999.

［207］Sun C. W., Chen L. T., Tian Y., "Study on the Rrban State Carrying Capacity for Unbalanced Sustainable Development Regions: Evidence from the Yangtze River Economic Belt", *Ecological Indicators*,2018.

［208］Taaffe J., "The City Level-Airline Passenger Limit", *The Economic Geography*, No.1,1962.

［209］Verhulst P. F., "Notice Sur La Loi Que La Population Suit Dans Son Accroissement", *Corresp. Math. Phys.*,1838.

［210］Wackernagel M., Onisto L., Bello P., et al., "National Natural Capital Accounting with the Ecological Footprint Concept", *Ecological Economics*, No.29,1999.

［211］Wackernagel M.,Rees W. E., *Our Ecological Footprint: Reducing Human Impact on the Earth*, New Society Publishers,1996.

［212］Wang D., Shi Y., Wan K., et al., "Integrated Evaluation of the Carrying Capacities of Mineral Resource-Based Cities Considering Synergy between Subsystems", *Ecological Indicators*,2020.

［213］Wang R., Cheng J. H., Zhu Y. L., et al., "Evaluation on the Coupling Coordination of Resources and Environment Carrying Capacity in Chinese Mining Economic Zones", *Resources Policy*,2017.

［214］Wang Y., Peng B., Wei G., et al., "Comprehensive Evaluation and Spatial Difference Analysis of Regional Ecological Carrying Capacity:

A Case Study of the Yangtze River Urban Agglomeration", *International Journal of Environmental Research and Public Health*, No.18, 2019.

［215］White R. S. A., Wintle B. A., Mchugh P. A., et al., "The Scaling of Population Persistence with Carrying Capacity does not Asymptote in Populations of a Fish Experiencing Extreme Climat Variability", *Proceedings of the Royal Society B: Biological Sciences*, No.1856, 2017.

［216］Zhang Y., Chen M., Zhou W., et al., "Evaluating Beijing's Human Carrying Capacity from the Perspective of Water Resource Constraints", *Journal of Environmental Sciences*, No.8, 2010.

［217］Zipf G.K., "The P_1P_2/D Hypothesis : On the Intercity Movement of Persons", *American Sociological Review*, No.6, 1946.

责任编辑：吴焰东

封面设计：石笑梦

图书在版编目（CIP）数据

京津冀城市群承载力测度及应用研究 / 户艳领 等著 . —北京：人民出版社，
　2023.12

ISBN 978-7-01-025988-8

I.①京…　II.①户…　III.①城市群—承载力—研究—华北地区
　IV.① F299.272

中国国家版本馆 CIP 数据核字（2023）第 188712 号

京津冀城市群承载力测度及应用研究

JINGJINJI CHENGSHIQUN CHENGZAILI CEDU JI YINGYONG YANJIU

户艳领　等著

人 民 出 版 社 出版发行
（100706　北京市东城区隆福寺街 99 号）

北京九州迅驰传媒文化有限公司印刷　新华书店经销

2023 年 12 月第 1 版　2023 年 12 月北京第 1 次印刷
开本：710 毫米 ×1000 毫米 1/16　印张：17
字数：249 千字

ISBN 978-7-01-025988-8　定价：69.00 元

邮购地址 100706　北京市东城区隆福寺街 99 号
人民东方图书销售中心　电话（010）65250042　65289539